L'ENCYCLOPÉDIE DES RACES DE CHEVAUX

avec Sophie Thalmann

hachette JEUNESSE

« Je te présente la nouvelle encyclopédie des races de chevaux.

Tout au long de cet ouvrage, tu découvriras nombre de races incroyables et d'informations précieuses sur les chevaux.

Chaque race possède des qualités et des particularités étonnantes qui font de chaque cheval un être unique et exceptionnel. Connaître ces petits détails sur les chevaux t'aidera à mieux les comprendre… J'ai moi-même découvert des races dont je ne soupçonnais pas l'existence !

Peut-être trouveras-tu parmi ces races exotiques ou plus classiques, le cheval qui te correspond le mieux : le cheval de ta vie !

Bonne lecture à toutes et à tous ! »

Sophie Thalmann

SOMMAIRE

Pour t'aider
- Nom de race : *retrouve cette race dans l'encyclopédie.*
- **Terme technique*** : *retrouve ce terme technique dans le petit lexique p. 168.*

Qu'est-ce qu'une race ?

Une race est un groupe d'animaux qui appartiennent à la même espèce, mais qui ont des différences particulières par rapport aux autres individus de leur espèce.

Chez le cheval...

Les chevaux d'une même race partagent souvent des ancêtres communs, mais sont majoritairement regroupés à cause d'une **morphologie*** ou d'aptitudes particulières. Dans les régions au climat difficile (très chaud, très froid, montagneux...), c'est la sélection naturelle qui permet aux chevaux les mieux adaptés de survivre. Sinon, la race est surtout le résultat de l'élevage réalisé par les hommes en fonction d'un besoin : être plus petit, courir plus vite, sauter plus haut, tracter plus lourd...

Naissance d'une race

En choisissant les meilleurs parents sur plusieurs générations, les éleveurs sont ainsi capables de modeler l'animal qu'ils souhaitent. On peut parler de race à partir du moment où les caractéristiques se retrouvent de génération en génération sur un assez grand nombre de chevaux. Les éleveurs créent alors généralement un registre, ou **stud-book***, dont le rôle est d'accepter les chevaux qui répondent à des règles fixées. Souvent, il suffit d'avoir ses deux parents issus d'une même race pour en faire partie.

Cheval ou poney ?

Officiellement, la différence entre un poney et un cheval dépend de la taille : en dessous de 1,47 m au garrot, c'est un poney ; au-dessus, c'est un cheval. Mais ce n'est pas si simple ! Plusieurs races trouvent l'appellation « poney » méprisante et la refusent. D'autres sont juste sur la limite et se retrouvent avec des poneys et des chevaux au sein de la même race. Dans le doute, c'est le registre de la race qui décide si la race est classée « poney » ou « cheval ».

Combien existe-t-il de races ?

En 2011, on répertoriait au niveau mondial 397 races d'équidés, issues de 60 pays différents. 75 % sont des races de chevaux ou de poneys de selle, 15 % sont des races de trait, 5 % des races de course, et 5 % des races d'ânes. Certaines races comptent seulement quelques dizaines d'individus dans une région très précise.
L'Allemagne, la France et les États-Unis sont les pays qui ont déclaré le plus de races : plus d'une trentaine chacun !

... et en France ?

La France reconnaît 52 races d'équidés, d'origine française ou étrangère. Cela signifie qu'un cheval n'appartenant pas à une de ces races est considéré comme un cheval « sans-race » sur le sol français.

Disparition d'une race

Régulièrement, de nouvelles races de chevaux apparaissent, et d'autres disparaissent. De nombreux équidés préhistoriques n'ont pas survécu à l'évolution du climat. Puis au XIXe siècle, quelques chevaux sauvages ont été exterminés par une chasse intensive, comme le tarpan, petit poney des steppes de Pologne. Enfin, certaines races ont disparu, car elles n'avaient plus d'utilité dans le monde moderne et les éleveurs ont arrêté de les faire naître. C'est le cas de plusieurs anciennes races de trait qui ont disparu lors de l'arrivée du tracteur.

Une multitude de robes

Dans la nature, les chevaux présentent une multitude de robes différentes. Le hasard des croisements, l'évolution naturelle et le travail des éleveurs ont permis de sélectionner certaines couleurs au sein de chaque race. Voici les principales robes que tu vas rencontrer…

Les robes simples

L'alezan
Le poil et les crins sont entièrement marron. Il existe beaucoup de variations de couleur, du beige clair (café-au-lait) au brun foncé (alezan brûlé). Les alezans crins lavés ont la crinière et la queue plus claires que le corps.

Le bai
Le poil est brun et les crins sont noirs. On trouve aussi beaucoup de variations de teinte, depuis le bai cerise jusqu'au bai-brun.

Le noir
Le vrai cheval noir n'a pas de poils ou de crins bruns. S'il ne possède aucune marque blanche, on dit qu'il est *zain*.

L'alezan

Le bai

Le noir

Les robes diluées

L'isabelle
Le poil est beige clair et les crins sont noirs. Il fait partie de la famille des bais.

Le palomino
Le poil est beige clair et les crins sont très blancs. Il fait partie de la famille des alezans.

Le gris souris
Le poil est gris foncé uniforme et les crins sont noirs. Attention, contrairement au vrai gris, la couleur ne s'éclaircit pas avec le temps.

Le crème
Le poil et les crins sont couleur crème et la peau est claire. On croit parfois que le cheval est blanc, mais il est juste alezan ou bai très clair.

L'isabelle

Le palomino

Le gris souris

Le crème

Avec des poils blancs

Le gris

Le cheval gris naît avec sa couleur d'origine (noir, bai, alezan...) et grisonne avec le temps pour devenir gris foncé, gris pommelé, puis complètement blanc. Il garde la peau et le bout du nez foncés...

Le rouan

Le cheval rouan a des poils blancs mêlés à sa robe sauf sur la tête, qui reste foncée. Il naît avec ces poils blancs, et la couleur ne change pas avec le temps.
Un alezan rouan est souvent appelé « aubère ».
Un noir rouan est souvent appelé « gris fer ».

Avec des taches blanches

Le pie

Le cheval pie a de grandes taches blanches réparties sur le corps. Le pie peut se combiner avec toutes les robes possibles (bai, noir, isabelle, gris...). Il existe plusieurs formes de pie (voir race paint horse).

Les tachetés

Les robes tachetées sont souvent appelées appaloosa. Il existe beaucoup de modèles, comprenant souvent des petites taches rondes sur le corps.

Le pie alezan

Le pie noir

Le pie bai

L'appaloosa "léopard"

L'appaloosa "spotted blanket"

Les marques sur le corps

Une liste

C'est un trait blanc vertical sur le chanfrein du cheval. Les marques blanches sur la tête peuvent aller d'une pelote ou d'une étoile sur le front à une « belle face », qui déborde sur les yeux.

Une balzane

C'est une tache blanche sur la partie inférieure des membres du cheval. Un cheval peut en avoir zéro, une, deux, trois ou quatre. La balzane peut monter parfois jusqu'au genou.

Une raie de mulet

C'est un trait noir qui suit le dos du cheval, de la tête à la croupe. C'est un signe primitif souvent associé à des zébrures sur les membres.

Une étoile

Une belle face

Des balzanes

Une raie de mulet

Les chevaux de selle

L'akhal-Téké

On le surnomme souvent « cheval d'or » à cause de sa magnifique robe aux reflets dorés. Mais son vrai nom vient de la tribu Téké, qui l'a élevé durant des siècles dans la vallée Akhal, au Turkménistan.

Sa taille & son poids

Autour de 1,60 m

Autour de 600 kg

Sa robe

Elles sont variées, avec souvent une nuance métallique très recherchée. Les couleurs les plus fréquentes sont le bai, l'isabelle, l'alezan et le noir.

Ses caractéristiques

Grand et mince, il ne ressemble à aucun autre ! Adapté à la vie dans le désert et aux courses, il est à la fois élégant, résistant et rapide.

Son tempérament

Élevé aux côtés des hommes depuis toujours, l'akhal-téké est doté d'une grande sensibilité. Parfois un peu délicat, c'est un cheval intelligent, à l'écoute de son cavalier.

Son standard

- Tête légère et bien proportionnée
- Yeux en amande
- Oreilles fines et longues
- Encolure longue, musclée, et portée très haute
- Crinière peu fournie et toupet parfois absent
- Dos long et droit
- Membres secs et fins
- Sabots petits et durs
- Peau très fine

Tu le reconnaîtras entre mille à sa silhouette de lévrier, mince et allongée, et à sa tête fièrement dressée.

Son histoire

Né en Asie centrale il y a plus de 3 000 ans, l'akhal-téké est souvent considéré comme la race la plus ancienne, à l'origine de beaucoup d'autres. Monture de nombreux peuples d'Asie, il serait issu de croisements entre divers chevaux, particulièrement robustes. Mais ce sont les Tékés, tribu nomade et guerrière, qui sont véritablement à l'origine de la race. Traditionnellement, l'akhal-téké est élevé dans l'oasis d'Achgabat, dans l'actuel Turkménistan, au nord de l'Iran. Au milieu du XXe siècle, la race a bien failli disparaître, condamnée à la boucherie par les Russes, qui lui préféraient les machines… Heureusement, quelques passionnés ont réussi à la sauver et l'akhal-téké est aujourd'hui l'emblème de son pays natal.

Sa géographie

Quelques grands élevages sont situés en Russie et au Turkménistan, mais la race est de plus en plus présente dans les pays de l'ex-URSS, en Europe et aux États-Unis. En France, elle est officiellement reconnue depuis 2004.

Premier de la classe en…

Sa préférence va à l'endurance, où il excelle grâce à sa grande résistance. Souvent monté en course de plat dans son pays d'origine, il est aussi apprécié pour le concours complet. Enfin, sa beauté naturelle et son tempérament vif et franc en font aussi un très bon cheval de spectacle.

L'info en +

Un akhal-téké aux JO…

L'akhal-téké est aussi un très bon cheval de dressage. Ainsi, Absinthe (souvent appelé « Absent ») a remporté la médaille d'or aux JO de Rome en 1960, la médaille de bronze à Tokyo en 1964 et la médaille d'argent par équipe aux JO de Mexico en 1968 ! On le surnomme d'ailleurs « le cheval du siècle ».

L'anglo-arabe

Il représente l'une des grandes races françaises de chevaux de sport. Un athlète qui a hérité des qualités de ses ancêtres, le pur-sang arabe et le pur-sang anglais.

Sa taille & son poids

De 1,58 m à 1,65 m, parfois plus sur les lignées modernes

Kg

Entre 450 et 550 kg

Sa robe

Toutes les robes simples sont admises, mais les principales sont le bai, l'alezan et le gris.

Ses caractéristiques

Il a la légèreté, l'élégance et l'endurance du pur-sang arabe et la taille, la puissance et la vitesse du pur-sang anglais !

Son tempérament

Sensible et émotif, il a longtemps été considéré comme un cheval difficile. Les « anglos » sont aujourd'hui plus « sages » mais ne sont pas à confier à n'importe qui…

Son standard

- Tête petite et fine, parfois **convexe***
- Yeux expressifs et front large
- Garrot très saillant
- Poitrail assez ouvert
- Croupe longue et horizontale, avec une arrière-main bien proportionnée
- Membres longs, secs et musclés
- Crins fins et soyeux

Il possède un corps harmonieux et puissant, avec des allures souples et élégantes.

Son histoire

Celui que l'on surnomme fréquemment « anglo » est né au milieu du XIXe, dans le sud-ouest de la France. Des éleveurs ont ainsi eu l'idée de croiser des races locales avec des pur-sang anglais et des pur-sang arabes, pour obtenir un cheval possédant les qualités de ces deux races. Officialisé en 1861, l'anglo-arabe était à l'origine utilisé comme monture par l'armée de Napoléon Ier. Mais très vite, ce cheval élégant, léger et résistant a été orienté vers les courses, avant de devenir la première race équine française destinée aux sports équestres.

Sa géographie

S'il est surtout élevé dans sa région d'origine (le Sud-Ouest), on le trouve aussi beaucoup à l'étranger, où il est apprécié comme **améliorateur de races***. Ainsi, des pays comme l'Allemagne ou la Belgique l'utilisent pour alléger leurs propres races et leur apporter de l'élégance.

Premier de la classe en...

Endurance, attelage, dressage ou CSO : son chic et sa résistance lui permettent d'accéder à de nombreuses disciplines. Ce cheval courageux au tempérament guerrier excelle particulièrement en concours complet et dans les courses (de plat et d'obstacles).

L'info en +

Une affaire de calcul !

Pour être un anglo-arabe, un cheval doit posséder au minimum 25 % de sang arabe. S'il en possède moins de 25 %, il est appelé anglo-arabe de complément. Ce classement est surtout utilisé dans le monde des courses, car plus le cheval a du sang anglais, plus il est censé être rapide...

L'appaloosa

Il est surtout connu grâce à sa magnifique robe tachetée, mais sa couleur ne fait pas tout ! Cheval d'Indiens à l'origine, l'appaloosa se distingue maintenant chez les cow-boys, en équitation western. Grâce à son mental d'acier, c'est aussi un très bon cheval de loisir.

Sa taille & son poids

Entre 1,42 m et 1,65 m

Entre 400 et 550 kg

Sa robe

Souvent tachetée, mais pas toujours. Toutes les couleurs unies sont acceptées, sauf le pie.

Ses caractéristiques

Cheval puissant, rustique et solide.

Son tempérament

Il est réputé pour être un cheval calme et froid. Il est à l'écoute de son cavalier.

Son standard

- Robe souvent tachetée
- Œil cerclé de blanc
- Sabots striés
- Bout du nez et muqueuses marbrés
- Croupe haute et puissante
- Crins peu fournis
- Tête petite
- Front large
- Dos court et droit
- Musculature importante
- Épaule oblique
- Encolure longue et orientée à l'horizontale

Attention, tous les appaloosas ne sont pas tachetés ! S'ils n'ont pas de taches, on dit qu'ils sont *solid*.

Son histoire

L'appaloosa est un vrai cheval d'Indiens ! C'est la tribu des Nez Percés qui a créé la race en récupérant les chevaux amenés par les colons dans l'Ouest américain, puis en sélectionnant les chevaux les plus colorés, les plus courageux et les plus résistants pour faire la guerre et chasser le bison. Le nom de l'appaloosa vient de la rivière Palouse, dans l'Idaho, au bord de laquelle les Nez Percés avaient leurs campements. En 1877, la race faillit disparaître quand les Indiens furent emmenés dans des réserves. Heureusement, quelques éleveurs passionnés récupérèrent une centaine de ces chevaux indiens et fondèrent le **stud-book*** de la race.

Sa géographie

Venu des États-Unis, l'appaloosa est surtout présent en Amérique du Nord où il est la 3e race la plus importante. En France, on en voit de plus en plus, mais il reste encore rare.

Premier de la classe en...

Évidemment, il se distingue en compétition western : *trail*, *pleasure*, *barrel race*, *reining*, travail du bétail... Mais c'est aussi un cheval idéal pour faire des balades grâce à son calme et son pied sûr. Il est très fiable pour les longues randonnées, car il est endurant et **porteur***.

L'info en +

Une robe ou une race ?

L'appaloosa est connu pour ses couleurs vraiment originales. Il existe différents motifs possibles qui possèdent tous des noms américains : façon « dalmatien » (*leopard*), avec une grande tache blanche sur la fesse (*blanket*, pour couverture), des mouchetures (*spotted*) ou des flocons blancs (*snowflake*). Chaque motif – et chaque cheval – est unique, et évolue avec les années ! Par habitude, on a tendance à parler de robe appaloosa dès qu'un cheval a une robe tachetée. Mais attention, cela ne veut pas dire qu'ils font partie de la race appaloosa, ce sont souvent des « cocktails de prairie » !

Le barbe

Il s'agit d'une race très ancienne. Ce petit cheval robuste et courageux a longtemps été la monture des guerriers barbares et reste un cheval généreux au pied sûr pour tous les cavaliers.

Sa taille & son poids

Entre 1,50 m et 1,55 m

Entre 400 et 550 kg

Sa robe

Les robes de base sont acceptées (bai, alezan, noir). Beaucoup de chevaux sont gris.

Ses caractéristiques

Porteur, endurant et agile. Il a le pied sûr.

Son tempérament

Il est courageux, intelligent et généreux, et sait garder son sang-froid. Doux et calme au repos, il est plein d'énergie dans le travail !

Son standard

- Tête busquée
- Grosse ganache
- Crins fournis
- Dos droit et court
- Queue attachée bas
- Encolure épaisse et arrondie
- Petits sabots à la corne dure
- Membres fins mais musclés

Le barbe a une morphologie* **compacte. On dit qu'on peut le dessiner dans un carré.**

Son histoire

C'est l'une des plus anciennes races au monde. On retrouve ses traces dès l'Antiquité ! Le barbe est sûrement issu des chevaux sauvages du nord de l'Afrique. Domestiqué pour la chasse, le travail agricole et la guerre, il est depuis longtemps le compagnon traditionnel des Berbères. Les Romains l'appelaient d'ailleurs « le cheval des Barbares », et c'est de là que vient son nom ! Au fil du temps, beaucoup de races ont été créées en utilisant des ancêtres barbes (pure race espagnole, lusitanien, criollo...). Aujourd'hui encore, il est le cheval de travail et de prestige des familles berbères.

Sa géographie

La race vient d'Afrique du Nord. Même aujourd'hui, le barbe reste le cheval le plus courant au Maroc, en Algérie ou en Tunisie. En France, en revanche, il est peu répandu, avec moins de 100 naissances par an.

Premier de la classe en...

Longtemps utilisé comme cheval de guerre et de parade, c'est l'acteur principal de la fantasia, spectacle traditionnel marocain au cours duquel les chevaux s'élancent au grand galop, au son des fusils. La résistance du barbe en fait un très bon cheval d'endurance et de randonnée.

L'info en +

Cheval du désert

Les Berbères sont très fiers de leur monture, capable de vivre dans les hautes montagnes et dans les déserts chauds. Un proverbe arabe dit : « Il peut la faim, il peut la soif, il peut le froid, il peut le chaud, jamais il n'est fatigué ».

Le camargue

C'est le héros du film *Crin-Blanc*, et l'un des emblèmes du sud de la France. Élevé en semi-liberté dans les marais, le camargue est le petit cheval blanc des gardians.

Son standard

- Robe toujours grise, presque blanche
- Tête carrée avec des oreilles courtes et écartées
- Chanfrein rectiligne
- Crinière abondante, parfois double
- Poitrail profond
- Garrot marqué
- Articulations solides
- Sabots larges pour marcher dans les marais
- Croupe bien remplie et inclinée

À cause de sa petite taille, le camargue devrait être considéré comme un poney, mais les éleveurs tiennent à ce qu'on l'appelle « cheval » !

Sa taille & son poids

Entre 1,35 m et 1,50 m

Entre 300 et 450 kg

Sa robe

Elle est toujours grise.
Les poulains naissent noirs, bais ou rouans pour devenir tout blancs en quelques années !

Ses caractéristiques

Facile d'entretien, maniable, courageux et endurant.
Il est toujours élevé en liberté et peut vivre très longtemps. Le plus vieux cheval recensé est mort à 46 ans !

Son tempérament

Calme et docile, il devient vif et agile quand son cavalier le lui demande.

Son histoire

Une légende dit que le cheval camarguais est « né de l'écume de mer ». En fait, il est sûrement le résultat de la domestication de petits chevaux sauvages par les habitants du delta du Rhône. Pendant plus de 2000 ans, le camargue a travaillé aux champs et a servi de monture aux gardians pour trier et surveiller les taureaux. Aujourd'hui encore, les éleveurs continuent à faire vivre leurs chevaux de manière traditionnelle : les poulains naissent en semi-liberté au milieu des marais et vivent en troupeau toute l'année.

Sa géographie

Le cheval camargue est élevé dans le sud de la France, dans les marécages du delta du Rhône, au bord de la mer Méditerranée.

Premier de la classe en...

C'est avant tout la monture des gardians, les éleveurs de taureaux. Le camargue participe au travail du bétail, mais aussi à des courses folkloriques et des parades.
En été, il promène les touristes à la découverte du delta et des plages.
On le trouve aussi dans les centres équestres de toute la France, car c'est un cheval de club polyvalent.

L'info en +

Son adresse est tatouée sur sa cuisse !

Si tu veux savoir de quelle manade vient un cheval camargue, il suffit de regarder sa cuisse ! Car là-bas, marquer les chevaux au fer rouge est une tradition. Chaque manade a sa marque, un dessin unique qui permet de repérer tout de suite le propriétaire du cheval.

Le castillonnais

Venu d'Ariège, il fait partie de ceux que l'on appelle les « traits légers ». Le castillonnais est une race vraiment locale qui a tendance à être de plus en plus connue, mais reste encore peu répandue.

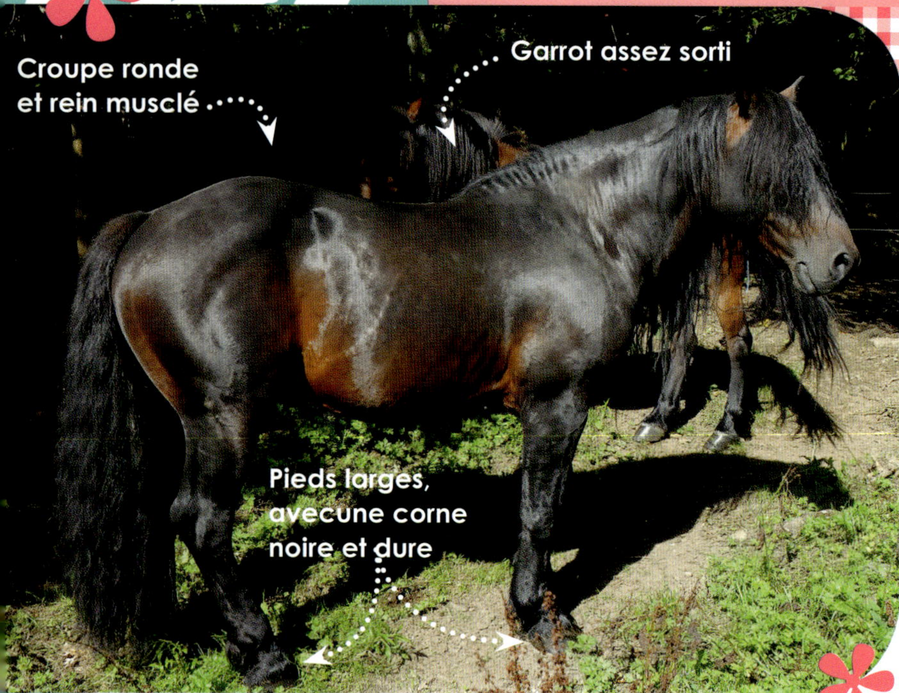

Sa taille & son poids

Entre 1,35 m et 1,55 m

Kg

Autour de 500 kg

Sa robe

Bai à bai-brun foncé, avec des traces rousses sur les flancs et un « nez de renard » (couleur plus claire autour de la bouche et des naseaux).

Son standard

- Tête expressive, distinguée, avec un front plat
- Oreilles assez courtes, bien fournies en poils à l'intérieur
- Poitrail bien ouvert
- Garrot assez sorti
- Dos large
- Croupe ronde et rein musclé
- Pieds larges, avec une corne noire et dure

Le castillonnais donne l'impression d'être compact et « près de terre ».

Ses caractéristiques

Sa vie de montagnard en a fait un cheval robuste, avec un pied sûr et une santé de fer ! Il est capable de porter de lourdes charges sans problème.

Son tempérament

Docile et proche de l'homme, il a vraiment un caractère facile.

Son histoire

Il était autrefois appelé « cheval du Biros » ou « Saint-Gironnais », du nom de la ville de Saint-Girons, en Ariège. C'est en effet dans les montagnes pyrénéennes qu'est né ce petit cheval noir, même si la légende dit qu'il vient de Grèce ! Au début du XXe siècle, le castillonnais a été utilisé pour l'armée, les travaux agricoles et les déplacements des montagnards. Malgré toutes ses qualités, la race a failli disparaître. Heureusement, un groupe d'amis s'est mobilisé pour le sauver dans les années 80. En 1996, le castillonnais a été reconnu officiellement en France comme cheval de selle.

Sa géographie

Avec quelques centaines de chevaux, le castillonnais est encore peu connu et finalement assez rare. Il est surtout élevé en Ariège et dans la région Midi-Pyrénées.

Premier de la classe en...

Son calme et son agilité en font un cheval parfait pour la randonnée. Il est aussi utilisé pour l'attelage ou les petits travaux agricoles, surtout dans sa région d'origine.

L'info en +

Cousins mais pas frères !

Entre le **mérens** et le castillonnais, ne t'y trompe pas ! Ces deux cousins se ressemblent beaucoup physiquement, avec pourtant une légère différence de robe. D'autre part, les éleveurs de castillonnais expliquent souvent qu'ils veulent garder tout le côté montagnard de leur race, alors que le mérens est de plus en plus orienté vers le sport...

Le cheval corse

Il est très rare, mais c'est une vraie fierté locale ! Le cheval corse vient d'être reconnu comme race en France. Il espère montrer, en dehors de son île, ses qualités de cheval de randonnée.

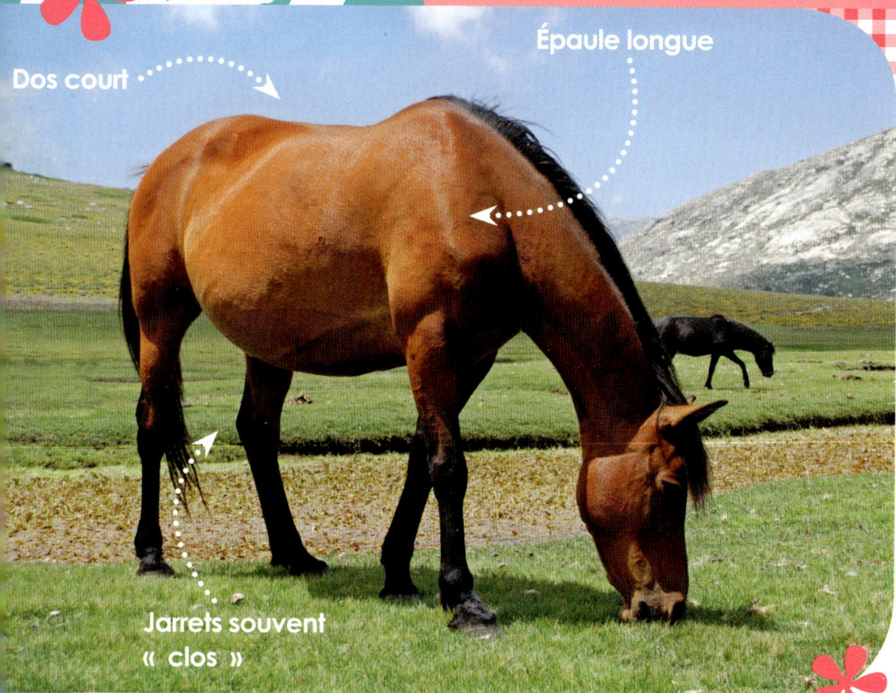

Son standard

- Tête courte et expressive
- Œil vif
- Encolure courte et large
- Dos court
- Épaule longue
- Membres droits, secs et fins
- Jarrets souvent « clos » (orientés vers l'intérieur)
- Pieds petits et résistants
- Crins fournis

Les chevaux corses du nord de l'île et des plaines de l'est sont plus grands que ceux des montagnes.

Sa taille & son poids

Entre 1,30 m et 1,50 m

Entre 300 et 400 kg

Sa robe

Uniquement bai, bai-brun ou noir. Les marques blanches (listes ou balzanes) sont rares.

Ses caractéristiques

Formé par la vie en montagne et en liberté, c'est un cheval montagnard et rustique, résistant aux intempéries et au pied sûr.

Son tempérament

Franc et calme. En Corse, on l'appelle le *paganacce*, c'est-à-dire « l'insoumis », « le rebelle », pour le différencier des ânes et autres bêtes de somme.

Son histoire

Le cheval corse est issu des chevaux introduits sur l'île au fil des guerres et des invasions. On pense qu'il porte en lui du barbe, de l'arabe, et peut-être même du cheval espagnol. Seuls les chevaux résistants à la vie en montagne ont survécu, créant un petit cheval robuste, très apprécié par les habitants de l'île. On dit que Napoléon, qui venait de Corse, a eu un cheval corse comme première monture. Depuis 2012, la race est officiellement reconnue. Au début du XXe siècle, le cheval corse manque de disparaître. Certains propriétaires relâchent leurs animaux dans les montagnes, et plusieurs troupeaux survivent. Ils seront le point de départ de l'élevage quand, dans les années 80, quelques passionnés corses décident de reconstituer la race.

Sa géographie

La race est surtout concentrée sur l'île de la Corse, en mer Méditerranée.

Premier de la classe en...

Il a longtemps permis les déplacements sur l'île, là où les voitures ne passaient pas. C'est donc un cheval très adapté à la randonnée, même sur les sentiers escarpés de montagne. Il a aussi des atouts pour l'attelage et le travail du bétail.

L'info en +

Moins de 200 chevaux !

La race est toute jeune, et la Corse est une petite île. Ces deux raisons expliquent qu'il y ait si peu de chevaux corses. On compte moins de 200 individus inscrits et moins de 10 étalons représentant la race ! Mais il reste encore plusieurs troupeaux de chevaux à l'état sauvage dans les montagnes de Corse, qui n'ont pas été inscrits.

Le cheval d'Auvergne

Originaire du Massif central, comme son nom l'indique, il a bien failli disparaître, puisqu'il ne restait qu'une trentaine d'individus au début des années 90 !

Son standard

- Tête plutôt petite et expressive
- Yeux en forme d'amande et naseaux bien ouverts
- Encolure légèrement ronde
- Garrot peu saillant
- Dos court et large
- Croupe double
- Beaux pieds ronds
- Crinière simple ou double, très fournie en crins légèrement ondulés.

À mi-chemin entre le cheval de trait et le cheval de selle, il peut rappeler le comtois, en plus fin.

Sa taille & son poids

Entre 1,43 m et 1,57 m

De 450 à 650 kg

Sa robe

Elle est baie, avec de nombreuses nuances possibles, jusqu'au bai-brun.
Les extrémités noires sont bien marquées, les marques blanches importantes (grandes balzanes, liste) sont exclues.

Ses caractéristiques

Ce petit montagnard plein d'énergie et polyvalent est doté d'un pied sûr et d'une grande robustesse.

Son tempérament

Vif et généreux, certains disent de lui qu'il a « le tempérament des Auvergnats : il fait ce qu'il veut mais il est très gentil » !

Son histoire

L'ancêtre du cheval d'Auvergne serait un cheval de type oriental, arrivé en France au VIIIe siècle en période de guerre. Longtemps, la race s'est développée et adaptée à la vie en montagne. Au XVIIe siècle, on la divise en deux branches, l'une destinée à la guerre (avec de nombreux croisements), l'autre aux travaux agricoles. Seule cette dernière branche va survivre et se développer. Cependant, comme beaucoup de races de trait, le cheval d'Auvergne est menacé par l'arrivée de la mécanisation au début du XXe siècle, au point de frôler l'extinction. Créée en 1994, l'Association nationale du cheval de race Auvergne s'est alors battue pour sauver le petit Auvergnat. Mission accomplie : en 2012, la race a été officiellement reconnue par le ministère de l'Agriculture !

Sa géographie

Il est surtout présent dans le Massif central, sa terre natale. Fin 2013, on recensait environ 450 chevaux d'Auvergne.

Premier de la classe en...

Il est un partenaire idéal pour les activités d'extérieur. Randonnée, **TREC***, petits travaux agricoles et attelage léger : il est plus un cheval de travail et de loisir qu'un cheval de sport.

L'info en +

À la guerre et dans les livres

Le petit cheval d'Auvergne a marqué l'histoire ! Dans le roman d'Alexandre Dumas, *Les trois mousquetaires*, il sert de monture à Mousqueton, le valet de Porthos. Il semble également que le cheval monté par Napoléon Bonaparte lors de la bataille d'Austerlitz, en 1805, était un Auvergnat se prénommant Cantal.

Le crème

La race crème a été créée récemment pour rassembler des chevaux de selle d'une couleur très particulière. Avec leur robe ivoire et leurs yeux clairs, on croit souvent, à tort, qu'ils sont albinos.

Sa taille & son poids

Entre 1,48 m et 1,65 m

Kg

Entre 400 et 550 kg

Sa robe

Elle peut être *perlino* ou *cremello*. La couleur du cheval crème varie du blanc cassé au beige rosé. Ce n'est pas un cheval gris qui a blanchi. Ce n'est pas non plus un albinos, ni un vrai cheval blanc (qui existe, mais est très rare).

Son standard

- Robe toujours crème
- Yeux souvent bleus ou noisette, parfois sombres
- Tête expressive avec des ganaches prononcées
- Encolure longue et fine
- Épaule longue et oblique
- Croupe ronde
- Cuisse bien musclée
- Paturons obliques

Ses caractéristiques

Il existe de nombreux modèles très différents au sein de cette race, qui est d'abord sélectionnée sur sa couleur.

La peau est souvent rose mais peut être noire. Les mouchetures et marbrures autour des yeux et sur le bout du nez ne sont pas autorisées.

Son tempérament

Volontaire, gentil, docile, mais fier et plein d'allant. Le cheval crème a plutôt bonne réputation.

Son histoire

Son histoire commence aux États-Unis en 1937, quand une famille d'éleveurs achète un étalon censé être albinos. Pour enregistrer les poulains, ils créent un Registre du cheval albinos, rebaptisé plus tard Association du cheval crème. Pendant plusieurs années, des chevaux de races différentes sont enregistrés : quarter horses, lusitaniens, pur- sang arabes, barbes, PRE... Mais depuis 2002, le registre est fermé aux nouvelles inscriptions et les éleveurs essayent de rendre la race plus homogène.

Sa géographie

Le crème vient des États-Unis. L'Amérique du Nord reste le lieu d'élevage principal de la race. L'élevage français est actuellement en plein développement.

Premier de la classe en...

Le crème est un cheval de selle polyvalent qui peut pratiquer le dressage, l'obstacle, l'équitation western, le **TREC***... Mais sa robe si spéciale et son caractère en font un cheval souvent recherché pour le cirque et le spectacle.

L'info en +

Le cheval champagne, une couleur qui pétille !

Le crème n'est pas le seul cheval à avoir une robe particulière et recherchée. Le cheval champagne est aussi assez original : proche de l'isabelle, mais avec des reflets de couleur or ou ambre. Tu risques peut-être de les confondre ! Mais attention : le cheval champagne n'est pas une race, il est élevé pour sa couleur.

Le hanovrien

Connu pour ses qualités physiques et morales, cet élégant Allemand fait partie des meilleurs chevaux de sport. Tu le reconnaîtras à la marque H que portent beaucoup de hanovriens sur la cuisse gauche.

Son standard

- Belle tête de taille moyenne, avec un profil droit ou légèrement **convexe***
- Yeux grands et expressifs
- Encolure longue, élégante, et portée haute
- Garrot saillant
- Arrière-main puissante et musclée
- Queue attachée haut
- Membres solides et forts
- Pied dur et bien conformé

Il frappe par sa grande taille, son allure imposante et athlétique.

Sa taille & son poids

Entre 1,55 m et 1,73 m. Il peut dépasser 1,80 m !

Entre 500 et 600 kg

Sa robe

Elles sont toutes admises, sauf le pie. Les plus fréquentes sont le bai, l'alezan et le bai-brun. Les marques blanches (listes et balzanes) sont autorisées.

Ses caractéristiques

Solide et performant, il dégage de la puissance et de la légèreté dans ses allures.

Son tempérament

Il est connu pour son bon caractère, qui est d'ailleurs un critère retenu dans la sélection de la race. Volontaire et coopératif, il est agréable à monter et à manipuler.

Son histoire

C'est au XVIIe siècle que débute l'histoire du hanovrien, dont le nom est issu de la ville de Hanovre, située au nord de l'Allemagne. D'abord sélectionnée par l'armée, la race va prendre une autre voie à partir de 1735, avec la fondation du Haras national de Celle. Le hanovrien devient alors un cheval polyvalent, utilisé aussi bien pour la selle et l'attelage que pour les travaux des champs. Suite à de nombreux croisements, la race s'oriente, au milieu du XXe siècle, vers les sports équestres. Un domaine où il excelle aujourd'hui, comme en témoigne le magnifique Salinero, plusieurs fois médaillé aux JO.

Sa géographie

C'est en Allemagne que l'on trouve le plus de hanovriens. Il est également présent dans de nombreux pays, malgré son prix souvent élevé. En France, on comptait environ 3 000 hanovriens en 2013.

Premier de la classe en...

Le hanovrien est un vrai cheval de sport, d'ailleurs surnommé « le roi des chevaux de compétition » ! Avec son coup de saut remarquable et ses allures élastiques, il se distingue aussi bien en CSO qu'en dressage. Ses qualités en font également un cheval apprécié en tant qu'**améliorateur de races***.

L'info en +

Un vrai parcours du combattant !

Entrer au **stud-book*** hanovrien se mérite ! Dès l'âge de 2 ans, les étalons sont sélectionnés sur de nombreux critères de modèle, d'allures et de comportement. Par la suite, ils doivent effectuer un test de 30 ou 70 jours pour évaluer leurs performances sportives. Seuls ceux qui réussissent ces épreuves pourront se reproduire.

Le henson

Il représente la 44e race française créée, puisqu'il a été reconnu en 2003.
Cousin du fjord, à qui il ressemble beaucoup, le henson vit toute l'année en semi-liberté dans les grands espaces de la baie de Somme.

Sa Taille & Son Poids

Entre 1,50 m et 1,60 m

Kg

Entre 450 et 500 kg

Sa Robe

Elle peut être baie ou isabelle. Les crins sont noirs ou bicolores noir et or. La raie de mulet est obligatoire et certains sujets ont des zébrures aux membres. En revanche, les marques blanches sont déconseillées chez les juments et exclues chez les étalons.

Son Standard

- Tête belle et légère, avec un chanfrein droit ou **concave***
- Oreilles courtes, yeux vifs et cernés de noir
- Encolure de longueur moyenne
- Épaule longue, assez inclinée
- Dos court, large et bien soutenu
- Membres court-jointés, solides et bien d'aplomb
- Corne résistante

Le henson possède 25 à 50 % de sang fjord. Il ressemble beaucoup à son cousin, mais avec une taille plus haute et une allure plus élancée.

Ses caractéristiques

Capable de vivre dehors par tous les temps, c'est un cheval rustique, calme et endurant.

Son Tempérament

Il est docile et sociable, équilibré et rassurant pour son cavalier.

Son histoire

Reconnu officiellement par les Haras nationaux en 2003, le henson est vraiment une race toute neuve en France !
C'est à la fin des années 70 que quelques passionnés originaires de la baie de Somme (en Picardie) ont décidé de faire naître le cheval de leur rêve. C'est-à-dire un animal polyvalent, robuste et agréable à monter. Pour cela, ils ont réalisé des croisements entre la race fjord et des chevaux de selle, pour donner naissance au henson. C'est un petit cheval élevé uniquement en extérieur, avec des saillies et des naissances en liberté, pour rester au plus près du naturel. Il est un compagnon idéal pour découvrir le parc ornithologique du Marquenterre et les plages de la baie de Somme !

Sa géographie

On le trouve surtout en baie de Somme, son **berceau de race***. On compte environ un millier de hensons, répartis entre la France, la Belgique, l'Angleterre.

Premier de la classe en...

Il a été créé pour être un parfait cheval de loisir et de balade. Il est particulièrement à l'aise pour parcourir les dunes et les plages de la baie de Somme. Mais il peut aussi se montrer performant en attelage, en **TREC*** ou en horse-ball.

L'info en +

Un air de cow-boy

Si tu veux admirer des hensons, en liberté et montés, il faut absolument te rendre à la Transhenson, qui a lieu autour du 1er novembre. Devant 2 000 spectateurs, les cavaliers escortent vers l'Espace équestre du Marquenterre une centaine de juments et de poulains qui ont passé leur été en toute liberté. Une vraie **transhumance***, qui donne lieu à une grande fête toute la journée.

Le holstein

Aussi appelé « holsteiner », il est réputé pour son incroyable coup de saut et sa gentillesse, des qualités qui en font un cheval apprécié par les cavaliers de concours.

Son standard

- Tête allongée, avec un profil rectiligne
- Encolure bien formée et musclée
- Poitrail large et bien éclaté
- Garrot bien sorti, avec une épaule longue et oblique
- Membres musclés dans leur partie supérieure avec des articulations larges et nettes
- Pieds résistants et bien faits

Son corps, à la fois fin et puissant, est vraiment celui d'un athlète.

Sa taille & son poids

Entre 1,63 m et 1,73 m. Idéalement, 1,70 m pour les mâles.

Kg

Autour de 500 kg

Sa robe

Toutes les robes unies sont admises. Le bai et le gris sont les plus fréquentes. En revanche, il y a très peu d'alezans.

Ses caractéristiques

Puissant et solide, c'est un cheval élégant. Très confortable à monter, il possède des allures amples et régulières. Il a bâti sa réputation sur sa puissance, son élégance et sa docilité.

Son tempérament

Il sait se montrer combatif sur un terrain de concours, mais a un caractère agréable et doux.

Son histoire

C'est dans la province du Schleswig-Holstein, au nord de l'Allemagne, que l'on trouve les origines du holstein. Issu d'un croisement entre un cheval primitif et un trait léger, il était utilisé pour les travaux de la ferme avant de devenir une monture de guerre au Moyen Âge. De nombreux croisements ont permis de l'affiner, mais c'est après avoir reçu du sang trakehner puis selle français qu'il est devenu le sportif que l'on connaît aujourd'hui. Cet athlète est sélectionné davantage sur ses performances que sur des critères physiques : des reproducteurs de nombreuses races peuvent ainsi intervenir dans l'élevage du holstein, du moment qu'ils ont de bons résultats en compétition et un bon mental.

Sa géographie

Quelques milliers de naissances sont enregistrées chaque année. On trouve le holstein dans le monde entier.

Premier de la classe en...

C'est un cheval vraiment taillé pour le saut d'obstacles et pour la compétition ! Moins à l'aise en dressage, il est aussi parfois utilisé en attelage.

L'info en +

Des chevaux au top !

On trouve chez le holstein de nombreuses stars ! Corlandus a ainsi remporté la médaille d'argent en dressage aux JO de Séoul, en 1988. Mais c'est surtout pour ses performances en saut d'obstacles que le hosltein est connu. Calvaro V, médaille d'argent aux JO d'Atlanta et de Sydney, ou Cumano, médaille d'or aux Jeux équestres mondiaux en 2006, en sont de très bons exemples !

L'islandais

Venu du froid, l'islandais est un petit cheval très costaud et attachant. Il a la particularité d'avoir deux allures supplémentaires : le tölt et l'amble volant. De quoi enchanter les cavaliers en quête de nouvelles sensations !

Sa taille & son poids

Entre 1,25 m et 1,45 m

Autour de 500 kg

Sa robe

Toutes les robes sont acceptées, même le pie. Il y a beaucoup de variétés dans les couleurs. Les Islandais ont, eux, plus de 100 mots pour désigner les différentes robes possibles !

Ses caractéristiques

Petit par la taille, l'islandais est grand par le cœur et est très robuste. Vif et endurant, il peut porter sans faiblir un adulte de 100 kg.

Son tempérament

C'est une monture docile, enthousiaste et assurée. Confiant et généreux avec son cavalier, l'islandais reste un cheval indépendant et autonome.

Son standard

- Tête forte, proportionnellement grosse
- Profil droit
- Petites oreilles poilues
- Encolure courte, puissante et portée haute
- Poitrail large
- Membres courts et musclés, aux articulations solides
- Poil épais, particulièrement en hiver
- Crins longs et très fournis

L'islandais a la taille et la morphologie* **d'un gros poney. Mais comme il s'agit de la monture des Vikings, il faut absolument parler de « cheval » !**

Son histoire

L'islandais est le descendant de races norvégiennes et celtes amenées sur l'île en bateau par les Vikings lors de la colonisation de l'Islande. Très fiers de leurs montures, les Vikings en faisaient souvent mention dans leurs légendes. Depuis 982, aucun nouveau cheval n'a le droit d'être importé : l'islandais est donc une race restée pure depuis plus de 1 000 ans ! La sélection naturelle a permis de créer un petit cheval homogène, très résistant aux climats difficiles, facile à manipuler et se contentant de peu de nourriture. Il est encore élevé de manière traditionnelle, en semi-liberté toute l'année et peut maintenant être exporté.

Sa géographie

C'est la seule et unique race existante en Islande avec presque 100 000 chevaux sur l'île. On en compte presque autant à l'étranger, principalement en Allemagne et aux États-Unis.

Premier de la classe en...

Dans son pays, il est largement utilisé pour la randonnée et les déplacements en terrain difficile. Les bergers les montent, par exemple, pour aller chercher leurs moutons. Les chevaux exportés participent régulièrement à des courses ou des concours d'allures où sont jugés le tölt et l'amble. Rustiques et passe-partout, ils sont souvent utilisés pour le loisir.

L'info en +

Le cheval aux 5 allures !

Le cheval islandais a une particularité vraiment étonnante : il a 4 et même parfois 5 allures différentes. Bien sûr, il sait aller au pas, au trot et au galop. Mais en plus, il va naturellement au tölt, une sorte de pas très rapide et relevé. Cette allure très confortable permet d'aller plus vite qu'au trot en restant assis sans bouger de sa selle. Certains islandais ont aussi une cinquième corde à leur arc : l'amble volant, une allure à 2 temps plus rapide que le galop !

Le konik polski

Tu le reconnaîtras à son physique de cheval sauvage. Appelé « tarpan » par certains, il a effectivement gardé les caractéristiques primitives de ses ancêtres polonais.

Son standard

- Oreilles ourlées de noir, avec des yeux comme maquillés et le contour des naseaux clair
- Formes rondes, avec une croupe bien rebondie
- Sabots sains et solides

Pas très grands, les koniks polskis sont des chevaux solides et porteurs***. Leur démarche un peu balancée est confortable pour le cavalier.**

Sa taille & son poids

Entre 1,30 m et 1,40 m

Environ 400 kg

Sa robe

Sa robe est toujours gris souris, avec quatre nuances (clair, standard, sombre, intermédiaire entre souris et isabelle). Il porte forcément une raie de mulet, souvent accompagnée de zébrures sur les membres et de marques noires sur la tête et le corps.

Ses caractéristiques

Rustique et frugal, le konik se montre très résistant aux maladies et peut vivre dans des conditions difficiles.

Son tempérament

Doux et facile à manipuler, il est doté d'un caractère stable et curieux.

Son histoire

Ce petit cheval polonais est considéré comme la seule race de chevaux tirant directement ses origines des tarpans, les derniers chevaux sauvages européens. Capturés à la fin du XVIIIe siècle au sud-est de la Pologne, les tarpans furent longtemps utilisés par les paysans de la région. Dans les années 20, ils sont étudiés par des scientifiques, puis l'élevage est réorganisé en 1949 malgré la Seconde Guerre mondiale. Introduit aux Pays-Bas pour gérer de très grandes réserves naturelles, le konik est arrivé en France à la fin des années 80, dans le but d'entretenir des espaces naturels dans l'Est. C'est, encore aujourd'hui, sa vocation principale.

Sa géographie

Originaire de Pologne, la race n'y est reconnue que si elle en est originaire. C'est en Hollande que les koniks sont les plus nombreux, avec environ 2 000 chevaux. En France, la race n'est pas reconnue, elle est rare et présente surtout dans le Nord-Est. Elle est considérée comme « menacée d'extinction ».

Premier de la classe en...

Spécialiste du débroussaillage des espaces naturels, sa taille et son tempérament en font néanmoins un cheval de plus en plus apprécié pour les enfants comme pour les adultes pour la randonnée, le **TREC*** et même l'attelage ou l'**équithérapie***.

L'info en +

Konik ou tarpan ?

Un grand débat existe entre les passionnés de la race. Certains le nomment « tarpan », considérant qu'il est presque directement issu du tarpan, en tant que cheval primitif et sauvage. Pour ce camp-là, le petit polonais ne doit pas être utilisé sous la selle, mais réservé à un usage « naturel ». Pour leurs opposants, le terme « tarpan » est gênant, car cette espèce a disparu au XIXe siècle. Ils préfèrent donc l'appellation « konik polski », désignant un cheval domestiqué et proche de l'homme.

Le KWPN

Il a un nom imprononçable. Mais sur les terrains de concours, on ne parle que de lui. Ce grand cheval de sport hollandais est le champion incontesté en dressage et en CSO !

Sa Taille & son Poids

Entre 1,60 m et 1,75 m

Autour de 500 kg

Sa Robe

Toutes les robes unies sont admises. Le bai-brun et le noir restent les robes les plus courantes. On trouve même quelques chevaux pie.

Ses caractéristiques

Cheval grand, fin et athlétique, il est taillé pour la compétition de haut niveau grâce à une sélection très stricte.

Son Standard

- Encolure haute et fine
- Corps long et plutôt osseux
- Épaule oblique
- Poitrail profond
- Garrot bien sorti
- Dos court
- Peau fine et veines saillantes
- Arrière-main puissante
- Membres longs et fins, aux articulations plates

Chaque cheval est classé selon sa morphologie* **dans une des quatre catégories d'élevage : obstacle, dressage, attelage ou gelderland (proche de l'ancêtre d'origine, moins sportif).**

Son Tempérament

C'est un cheval franc, volontaire, et dynamique.
Il est aussi sélectionné pour ses qualités mentales et sa facilité de manipulation.
Il est généralement proche de l'homme, étonnamment doux et câlin.

Son histoire

Cette race est très récente puisqu'elle est née dans les années 50. Dans l'objectif de créer un cheval de sport vif, mais puissant, les éleveurs des Pays-Bas ont croisé des chevaux demi-sang **carrossiers*** et des chevaux de travaux agricoles locaux, le groningue et le gelderland, avec des pur-sang anglais. Plus tard, ils ont ajouté un peu de selle français et de races de sport allemandes. Grâce à une sélection très stricte sur les résultats sportifs et le mental, la race est rapidement montée sur les podiums internationaux !

Sa géographie

Le KWPN est maintenant élevé partout dans le monde, mais la plupart des chevaux viennent des Pays-Bas, le **berceau de la race***. On trouve aussi beaucoup d'élevages en France et en Allemagne. En 2013, c'était la 2e race étrangère la plus importée en France.

Premier de la classe en...

Le KWPN est depuis plusieurs années la race N° 1 au classement mondial des chevaux de sport. En saut d'obstacles, tu connais sûrement les champions Milton, Hickstead ou Catapulte. En dressage, la race est très bien représentée par les superbes Totilas et Valegro.

L'info en +

Des chevaux au top !

KWPN, c'est le sigle raccourci du nom officiel de ce cheval hollandais : *Koninklijke Vereniging Warmbloed Paardenstamboek Nederland*. Ce qui signifie littéralement « **Stud-book*** royal néerlandais de chevaux de demi-sang ». Comme c'est un peu long et compliqué à prononcer, surtout pour les étrangers, les éleveurs ont préféré le raccourcir ! Une bonne idée pour les commentateurs sportifs ! La même chose est arrivée au BWP, cheval de sang belge ou *Belgisch Warmbloed Paard*.

Le Lipizzan

Avec sa belle couleur gris clair et ses airs relevés, il ressemble à un danseur. Le lipizzan est un cheval élégant, connu grâce à l'École espagnole de Vienne, en Autriche.

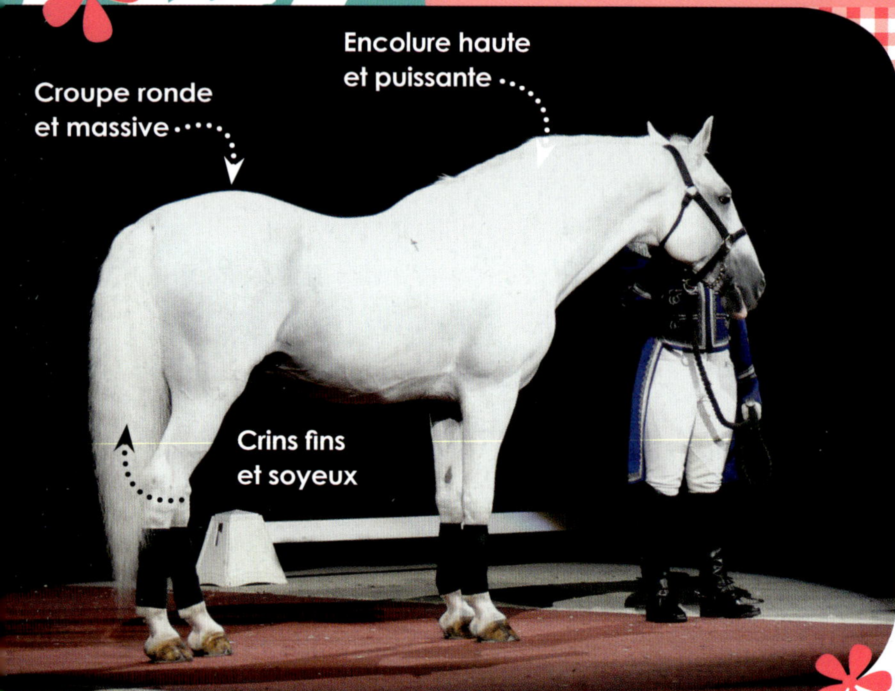

Son standard

- Tête expressive avec un front large et plat
- Profil droit à légèrement **convexe***
- Encolure haute et puissante
- Dos long et musclé
- Croupe ronde et massive
- Membres relativement courts, avec des articulations solides
- Crins fins et soyeux

Il possède des allures très relevées et sa démarche est énergique, souple, bien rythmée.

Sa taille & son poids

Entre 1,55 m et 1,67 m.
Taille idéale autour de 1,57 m pour les mâles.

Kg

Entre 450 et 550 kg

Sa robe

La majorité des lipizzans a une robe grise, avec une peau noire autour de la bouche, des yeux et des naseaux. Les poulains naissent noirs ou bais. Plus ils sont foncés, plus ils seront clairs une fois adultes.

Ses caractéristiques

Il est énergique, avec une allure à la fois fière et robuste.

Son tempérament

Calme et à l'écoute de son cavalier, il se montre volontaire et patient.

Son histoire

C'est au XVIe siècle qu'a débuté l'histoire de la race, avec la création du haras de Lipica, autrefois Lipizza, en Slovénie. Le lipizzan est issu d'un croisement entre des chevaux espagnols et arabes. Il descend en réalité de 8 lignées d'étalons : Pluto, Conversano, Maestoso, Favory, Neapolitano, Tulipan, Incitato et Siglavy. Créée par la famille impériale autrichienne des Habsbourg, la race était destinée à fournir la prestigieuse École espagnole de Vienne et à servir pour les parades, les carrosses de la cour et la guerre. Aujourd'hui, quelques haras, comme celui de Piber en Autriche, sont toujours très réputés.

Sa géographie

Avec environ 3 500 chevaux au niveau mondial, le lipizzan reste une race rare. C'est en Autriche et dans les pays d'Europe centrale qu'il est le plus répandu. En France, on comptait environ 600 chevaux en 2013.

Premier de la classe en...

Il se révèle vraiment doué en dressage et en attelage, où il est régulièrement classé au niveau mondial. Ses allures élégantes et son histoire en font aussi un cheval particulièrement apte à la **haute école*** et au spectacle équestre.

L'info en +

Une École renommée à Vienne

Créée à Vienne en 1572, l'École espagnole n'utilise que des étalons lipizzans gris clair… Elle donne des représentations de haute école à Vienne et à travers le monde. En plus de travailler avec de magnifiques chevaux, les cavaliers de l'École ont la chance d'évoluer dans un manège considéré comme le plus ancien au monde, puisqu'il a été construit vers 1730 !

Le lusitanien

C'est un vrai cheval star, au profil facile à reconnaître. Avec son air fier, ses allures relevées et son crin abondant, le lusitanien est le roi de la piste, que ce soit pour le dressage ou le spectacle.

Sa taille & son poids

Autour de 1,55 m (juments) et de 1,60 m (mâles)

Environ 500 kg

Sa robe

Toutes les robes sont admises, même le pie et les robes diluées. Les robes les plus courantes sont le gris et le bai.

Son standard

- Tête légèrement **convexe***, fine et sèche
- Encolure **rouée***, large et puissante
- Crins fins et abondants
- Garrot bien détaché et étendu
- Poitrail profond et musclé
- Croupe forte et arrondie, légèrement inclinée
- Dos court et large
- Membres fins et secs
- Jarrets solides

Le lusitanien est naturellement doué pour les allures souples et relevées.

Ses caractéristiques

Il a un très bon équilibre naturel qui lui permet de se rassembler facilement et de tourner très court. Il est maniable et réactif.

Son tempérament

Le lusitanien est un cheval noble, fier et généreux. Il est docile, endurant et intelligent dans le travail, mais peut être ardent et fougueux, parfois délicat à manier.

Son histoire

Le lusitanien est une très ancienne race de selle portugaise. Pendant des siècles, on l'a considéré comme le « cheval des rois », adapté à tout : la guerre, la parade, le travail du bétail... Le premier **stud-book***, créé en 1889, réunissait sous le nom de « cheval andalou » le lusitanien et le pure race espagnole (PRE). Les deux races n'ont été séparées qu'au milieu du XXe siècle. C'est grâce à Nuno Oliveira, écuyer portugais très renommé et amoureux de la race, que le lusitanien est entré, il y a quelques dizaines d'années, dans la légende des chevaux de dressage.

Sa géographie

Le Portugal reste le plus gros éleveur de chevaux lusitaniens, mais les 3/4 des poulains sont vendus à l'étranger. En France, le lusitanien est la race étrangère la plus répandue, avec beaucoup d'élevages dans le Sud.

Premier de la classe en...

Traditionnellement, grâce à sa maniabilité et son courage, il est utilisé pour le travail avec le bétail et la tauromachie. Il est aussi très doué en dressage, en compétition de haut niveau, pour la **haute école***, le cinéma et le spectacle. Tu le trouveras aux côtés de nombreux grands artistes, comme Bartabas, Magali Delgado, Mario Luraschi...

L'info en +

Connais-tu l'équitation de travail ?

L'**équitation de travail*** est une discipline à part entière dans laquelle le lusitanien excelle ! Les compétitions sont composées de quatre épreuves : une reprise de dressage, un parcours de maniabilité autour d'obstacles naturels (pont, slalom entre les piquets, saut de bottes de paille, etc.), une épreuve de vitesse sur le même parcours (chronométrée !), et un tri de bétail où il faut isoler une vache d'un troupeau. À l'occasion d'un salon, essaie d'assister à une compétition, c'est magnifique à regarder !

Le mérens

Ce petit cheval noir est typique des montagnes ariégeoises, dans les Pyrénées, où il est élevé depuis des siècles. Ce milieu parfois difficile a forgé son caractère.

Son standard

- Tête expressive avec un front plat et large
- Oreilles courtes, bien fournies de poils à l'intérieur
- Garrot sorti et prolongé vers l'arrière
- Dos large et bien soutenu
- Croupe ronde et parfois double
- Membres forts, avec des articulations solides
- Pieds larges, avec une corne noire et dure
- Crins longs et fournis, parfois ondulés, avec une crinière parfois double

Il dégage un mélange d'énergie et de robustesse. Le mérens moderne est plus fin et plus grand que le mérens « typique ».

Sa taille & son poids

Entre 1,45 m et 1,55 m

De 400 à 500 kg

Sa robe

La seule couleur admise est le noir zain (sans poils blancs). On tolère un peu de blanc sur la tête, mais pas de liste ni de balzanes.

Ses caractéristiques

Très rustique et avec peu de besoins, il peut vivre en extérieur toute l'année. Son milieu d'origine en a fait un cheval endurant et doté d'un pied sûr !

Son tempérament

Toujours prêt à aller de l'avant, il est brave et franc. Il se montre plutôt docile, même si on lui prête parfois un caractère un peu têtu !

Son histoire

Pour retrouver les origines de la race, il faut remonter 13 000 ans en arrière, dans la vallée de l'Ariège. C'est le village de Mérens-les-Vals qui a donné son nom au mérens, que les passionnés préfèrent appeler « cheval de Mérens ou méringais ». Le cheval d'aujourd'hui ressemble beaucoup aux animaux peints sur les parois de la grotte de Niaux, site préhistorique Ariègeois. Longtemps élevé en race pure, le mérens était utilisé pour le **bât*** et les travaux agricoles en montagne. Menacée par des croisements avec d'autres chevaux, la race était au bord de l'extinction dans les années 70. Depuis quelques années, la race s'est divisée en deux branches : le modèle rustique, plus petit et adapté à son milieu, et le modèle sportif, plus grand et capable de nombreuses performances.

Sa géographie

C'est en Ariège que l'on trouve le plus de mérens, mais aussi dans de nombreuses régions de France et en Europe. Avec environ 1 500 chevaux et 500 naissances par an, la race reste peu répandue.

Premier de la classe en...

C'est un cheval idéal pour la randonnée ou le **TREC***. Très polyvalent, il est également doué (même à bon niveau !) pour le dressage, l'obstacle, l'endurance ou encore l'attelage. Enfin, il reste un compagnon apprécié pour les travaux agricoles.

L'info en +

En transhumance* avec les mérens

Les mérens sont encore élevés de manière traditionnelle dans les Pyrénées. Chaque printemps, quelques centaines de chevaux prennent le chemin des estives, à environ 1 500 m d'altitude. Ils y passeront les mois d'été en semi-liberté, avant de redescendre dans la plaine à l'automne. Beaucoup de chevaux sont transportés en camion, mais certains éleveurs ont renoué avec la tradition en faisant transhumer leurs troupeaux à pied.

Le Paint horse

Le paint est la version haute en couleur du quarter horse. D'abord cheval d'Indiens, puis cheval de cow-boys, il est reconnaissable à sa belle robe pie, toujours unique !

Sa Taille & Son Poids

Entre 1,48 m et 1,60 m

Entre 450 et 600 kg

Sa Robe

Essentiellement pie, avec une grande variété de taches. Certains chevaux peuvent naître de robe unie *(solid)*. Le gris est interdit.

Ses caractéristiques

Cheval typé américain, à la fois froid et réactif, il est capable d'accélérations très rapides et puissantes, de demi-tours sur place, suivis de longues immobilités.

Son Tempérament

Calme et docile à l'arrêt et à la manipulation, le paint devient très vif et explosif quand on le lui demande. Il est courageux et fiable.

Son Standard

- Tête petite et expressive
- Encolure à l'horizontale
- Garrot large et peu prononcé
- Poitrail ample et profond
- Épaules musclées
- Dos court et robuste
- Arrière-main puissante et cuisses très musclées
- Queue attachée bas et rentrée

Le paint et le quarter horse se ressemblent beaucoup. La différence : un quarter horse ne peut jamais être pie, alors qu'un paint peut parfois être de robe unie, ou *solid*.

Son histoire

Comme le quarter horse et l'appaloosa, le paint horse est issu des chevaux relâchés à l'état sauvage dans les plaines américaines lors de la conquête du continent. Les chevaux sauvages tachés de blanc deviennent vite la monture préférée des Indiens, alors que les cow-boys préfèrent les robes unies. C'est peut-être à cause de cette vieille rancune que la race quarter horse décide, au début du XXe siècle, de ne plus accepter les chevaux pie… Les éleveurs de chevaux de ranch colorés décident donc de créer leur propre race : le paint horse. Ils ont à cœur de sélectionner non seulement la couleur, mais aussi le mental et le modèle. Aujourd'hui, les cow-boys eux aussi apprécient et utilisent ce cheval original.

Sa géographie

La race a été créée aux États-Unis, où elle est la deuxième race la plus importante. On trouve de plus en plus d'élevages de paint horses en Europe, particulièrement en France et en Italie.

Premier de la classe en…

Il brille évidemment dans toutes les disciplines de l'équitation western : *reining, cutting, barrel racing, pole bending, trail*… Grâce à sa couleur, il marque des points en épreuves de modèle et allures. C'est surtout un très bon cheval de ranch ou de loisirs, fiable en extérieur, polyvalent, rustique et endurant.

L'info en +

Pie comme une vache ou un pot de peinture ?

Sais-tu qu'il existe plusieurs sortes de couleur pie ? Les principales sont appelées *tobiano* et *overo*. Les chevaux *tobianos* sont les plus répandus : ils sont tachés comme des vaches, avec de larges plaques de blanc aux contours bien dessinés. Il y a toujours au moins une tache qui coupe le milieu du dos. Les chevaux *overos* ont des taches très irrégulières et découpées, situées sur les côtés du cheval et ne passant jamais la ligne du dos… comme si quelqu'un avait lancé un pot de peinture blanche sur le flanc ! Les *overos* ont souvent la tête blanche et les yeux bleus.

Le pure race espagnole

Tu l'admires souvent sur les posters ou en couverture des magazines équestres. À la fois magnifique et docile, le cheval de pure race espagnole mérite d'être connu !

Son standard

- Tête de longueur moyenne, avec un front légèrement bombé
- Yeux vifs, regard expressif et éveillé
- Encolure légèrement arquée et musclée
- Dos court et large
- Crinière abondante et soyeuse, souvent ondulée
- Croupe arrondie avec une queue basse et collée entre les fesses
- Mouvements étendus, harmonieux et cadencés

C'est un cheval particulièrement beau et puissant, avec des allures bondissantes et élégantes.

Sa taille & son poids

Au minimum 1,50 m pour les femelles, et 1,52 m pour les mâles

Kg

Entre 400 et 500 kg

Sa robe

Le bai, le noir (toujours très recherché), le gris (la couleur dominante), l'alezan, l'isabelle et même le palomino… De nombreuses robes sont autorisées, mais la couleur pie est interdite.

Ses caractéristiques

Il est bien équilibré, dans son physique et ses allures comme dans son mental. Cela le rend facile et confortable à monter.

Son tempérament

C'est un cheval fier et énergique. Docile, il sait s'adapter à de nombreuses situations.

Son histoire

Présent en Espagne environ 1 000 ans av. J.-C., on l'appelle parfois « andalou » ou « ibérique ». Son vrai nom est « cheval de pure race espagnole ». Réputé dès l'Antiquité pour son panache naturel, il a longtemps été utilisé pour la guerre ou la **haute école***. Très apprécié partout dans le monde, de grands **maîtres*** de l'équitation classique l'ont souvent considéré comme le meilleur pour le travail de manège. L'engouement de nombreux cavaliers pour le CSO, vers le XXe siècle, a entraîné une baisse des effectifs de chevaux PRE. Ce sont notamment les moines chartreux, en Andalousie, qui ont contribué à sauver la race.

Sa géographie

C'est en Espagne et au Mexique que l'on trouve le plus de PRE. Vient ensuite la France, avec environ 7 000 chevaux déclarés.

Premier de la classe en...

Le PRE est un excellent cheval de haute école, utilisé par l'École royale andalouse d'art équestre, mais aussi en dressage de compétition. Son tempérament de comédien en fait également un cheval apprécié en spectacle et au cinéma. Performant en attelage et en **équitation de travail***, il est moins bon à l'obstacle.

L'info en +

Tous dans le Gard en juillet !

Chaque année, au début du mois de juillet, les plus beaux PRE se donnent rendez-vous à Beaucaire, dans le Gard. Cet événement, qui a fêté ses 25 ans en 2014, est le plus grand rassemblement de chevaux ibériques de France. Tu pourras ainsi admirer des PRE sur des concours de modèle et allures, des épreuves d'équitation de travail, mais aussi des « cobras » de juments, attachées ensemble et se déplaçant d'un seul mouvement !

Le PUR-Sang anglais

Sélectionné pour être le meilleur des sprinters, le pur-sang anglais est le seigneur des hippodromes. Race ancienne, parmi les plus pures, on l'appelle souvent tout simplement « pur-sang » ou « PS ».

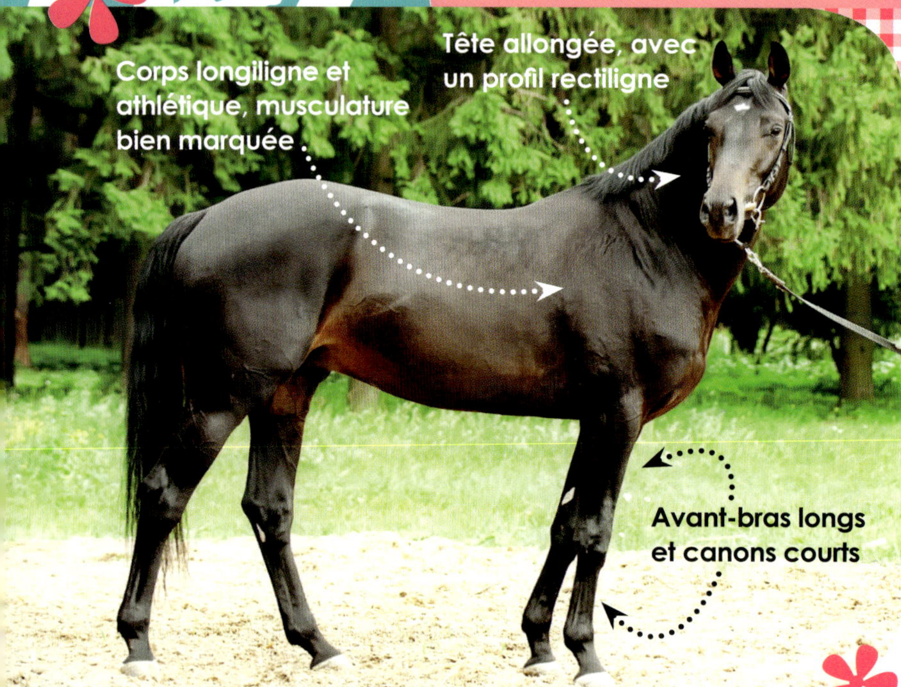

Son standard

- Tête expressive, au profil rectiligne
- Front large et peau fine
- Corps longiligne et athlétique, musculature bien marquée
- Épaule longue et oblique
- Beaucoup d'air sous le ventre
- Croupe horizontale et longue
- Avant-bras longs et canons courts
- Pied petit et étroit

Il n'y a pas de standard de race. Il y a de grandes variations de morphologie*, **qui correspondent aux distances de course (sprint, steeple-chase, longue distance…).**

Sa taille & son poids

Entre 1,57 m et 1,73 m

Entre 400 et 600 kg

Sa robe

Le bai est la robe la plus fréquente. Mais on trouve aussi des chevaux alezans, noirs et gris. Le pie n'est pas autorisé.

Ses caractéristiques

Taillé comme un lévrier, le pur-sang peut atteindre 60 à 70 km/h en sprint !

Son tempérament

Il est audacieux et intelligent. Vif, énergique et doté d'une forte personnalité, c'est un cheval délicat et sensible, mais qui donne beaucoup à son cavalier. Il a généralement un esprit de compétition assez développé.

Son histoire

Le pur-sang est le résultat d'un élevage très sélectif commencé en Angleterre au XVIIe siècle. Les courses de chevaux sont alors de plus en plus populaires et l'élevage obtient un soutien royal. Le pur-sang est issu de seulement 3 étalons fondateurs, venus du Moyen-Orient : Byerley Turk, Darley Arabian et Godolphin Arabian. Ces étalons ont été croisés avec environ 75 juments anglaises, d'origines diverses. C'est pour cela qu'on dit que la race est pure : tous les pur-sang d'aujourd'hui descendent encore de ces quelques ancêtres !

Sa géographie

Même si le **berceau de la race*** est l'Angleterre, ce sont aujourd'hui les États-Unis qui font naître le plus de pur-sang dans le monde. Suivent l'Australie, l'Irlande, le Japon, l'Angleterre, la Nouvelle-Zélande, puis la France, où les élevages sont concentrés en Normandie.

Premier de la classe en...

Le pur-sang a été élevé pour l'hippodrome : courses de galop, courses d'obstacles ou steeple-chase. Mais son énergie et ses pointes de vitesse peuvent servir dans d'autres disciplines : concours complet, polo, chasse à courre, horse-ball... On retrouve aussi de nombreux réformés des courses dans les clubs où ils peuvent faire de bons chevaux d'obstacles.

L'info en +

Bon anniversaire !

Tous les pur-sang nés dans l'hémisphère Nord fêtent leur anniversaire le 1er janvier, et ce, quelle que soit leur vraie date de naissance ! Cette décision a été mise en place pour faciliter l'organisation des courses par tranche d'âge (courses des 2 ans, des 3 ans...). Les pur-sang nés dans l'hémisphère Sud, prennent, eux, un an de plus le 1er août !

Le PUR-Sang arabe

Souvent décrit comme la « 7e merveille du monde », le pur-sang arabe est un cheval de légende ! Un prince qui nous arrive du désert.

Sa Taille & son Poids

Entre 1,40 m et 1,60 m

Kg

De 300 à 400 kg

Sa Robe

Les robes de base sont toutes admises mais les plus répandues sont l'alezan, le bai ou le gris. Le noir et l'isabelle sont plus rares, de même que le pie.

Son Standard

- Tête très distinguée, avec de grands yeux expressifs et doux
- Front large, avec un chanfrein court et souvent **concave***
- Encolure longue et mince
- Dos plutôt court et large
- Croupe haute et souvent horizontale
- Queue haute, avec un port relevé
- Membres fins et solides, avec des articulations sèches
- Crins soyeux

Doté d'une noblesse naturelle, il se déplace en légèreté, avec des allures étendues et rasantes.

Ses caractéristiques

Sobre, endurant et plein de grâce, il a une personnalité qu'on ne trouve chez aucun autre !

Son Tempérament

Très proche de l'homme, on le dit volontiers « intelligent ». Mais sa sensibilité et sa délicatesse le rendent parfois « chaud » !

Son histoire

Considéré comme l'une des races les plus anciennes, le pur-sang arabe nous vient du désert. Déjà remarqué à la fin du Ier millénaire, son destin a longtemps été lié à celui des Bédouins, qui l'élevaient près de leur tente. Arrivé en France au VIIIe siècle, lors de la bataille de Poitiers, le pur-sang arabe a vite été adopté par les Français. À tel point que, quelques siècles plus tard, Napoléon Bonaparte imposera son élevage en race pure. Longtemps apprécié pour les courses de plat, il fut détrôné par son « descendant », le pur-sang anglais, dans les années 60. Depuis, il a su rebondir, en devenant très à la mode dans les courses d'endurance et en **show***.

Sa géographie

En France, son élevage est surtout localisé dans le Sud. Mais c'est une race présente sur tous les continents, avec environ 150 000 chevaux à travers le monde.

Premier de la classe en...

À la fois rapide, résistant et magnifique, ses disciplines de prédilection sont l'endurance et le show. Il est très polyvalent, aussi à l'aise en dressage qu'en attelage ou en équitation western. Sa prestance naturelle en fait un bon cheval de spectacle.

L'info en +

Autour du pur-sang arabe...

Russe, polonais, espagnol, égyptien... : il existe différentes souches de pur-sang arabes, avec leurs propres qualités (rapidité, brillance, aptitudes sportives). Considéré comme un incroyable **améliorateur de races***, le PSA est à l'origine du pur-sang anglais et de **l'anglo-arabe**, par exemple. Mais il existe aussi les demi-sang arabes (DSA), qui doivent présenter au moins 50 % de sang arabe et un parent inscrit au **stud-book*** du cheval arabe ou au registre du DSA. Depuis 2006, grâce à ce registre (qui n'est pas un stud-book), ces chevaux sont reconnus « pleins papiers ».

Le quarter horse

Cheval mythique de l'Ouest américain et des cow-boys, le quarter horse est devenu rapidement la race la plus répandue au monde. C'est un cheval très polyvalent au mental en or !

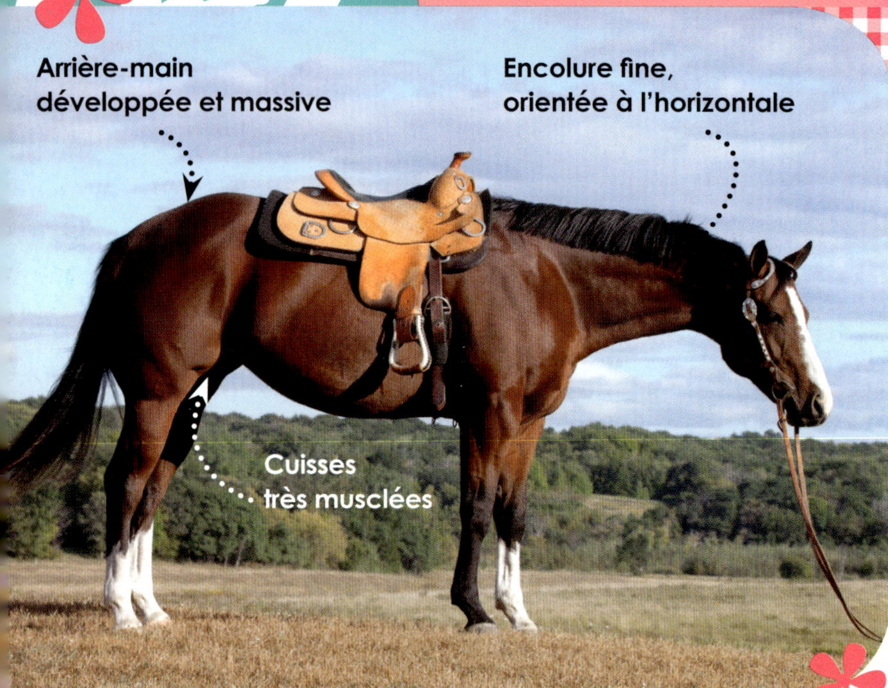

Son standard

- Tête petite au profil rectiligne
- Front large et yeux bien écartés
- Encolure fine, orientée à l'horizontale
- Épaules obliques et très musclées
- Dos court et compact
- Arrière-main développée et massive
- Cuisses très musclées
- Queue attachée bas et rentrée
- Membres courts et fins avec des petits pieds

Le modèle du quarter horse est celui d'un bodybuilder : compact, large, avec des muscles très développés.

Sa taille & son poids

Entre 1,45 m et 1,60 m

Entre 450 et 600 kg

Sa robe

On distingue 13 robes, qui vont du noir au gris, en passant par de nombreuses dilutions. La couleur la plus courante est l'alezan (*sorrel* en anglais).

Ses caractéristiques

C'est le cheval le plus rapide sur 400 m, battant largement le pur-sang anglais avec des accélérations allant jusqu'à 90 km/h.

Son tempérament

Le quarter horse est réputé pour son mental en or. Il est calme et patient, et à l'écoute de son cavalier. D'un caractère froid, il est rarement peureux.

Son histoire

À l'époque de la colonisation des Amériques, les colons organisaient des courses de vitesse dans la rue principale des villages. La distance habituelle était d'un quart de *mile* (environ 400 m). Pendant 200 ans, les cow-boys ont donc croisé leurs chevaux pour créer le cheval le plus rapide possible sur cette distance. Alors que les Américains ont utilisé ces chevaux pendant des siècles, le **stud-book*** de la race a seulement été créé en 1941, au Texas.

Sa géographie

Le quarter horse vient des États-Unis, qui sont toujours les plus grands producteurs de poulains. Mais l'élevage s'est développé un peu partout, y compris en France. Avec environ 4 millions de chevaux inscrits au stud-book, le quarter horse est la race la plus importante au monde !

Premier de la classe en...

Le quarter horse est la race la plus répandue dans toutes les disciplines western : *reining*, *pleasure*, *trail*, *barrel race*... Il est surtout un cheval de bétail et de ranch hors pair, grâce à sa vivacité, son agilité et sa bonne volonté. Certaines lignées ont le même instinct de troupeau que les chiens de berger. Et comme il passe partout, le quarter horse est aussi très utilisé en randonnée et comme cheval de loisir !

L'info en +

Le cheval de la conquête de l'Ouest

Un dicton dit : « C'est l'Amérique qui a créé le quarter horse, mais n'est-il pas celui qui a créé l'Amérique ; car sans lui, rien n'aurait été possible ». Fiable, endurant, robuste, agile et obéissant : le quarter horse est la monture emblématique des cow-boys, des *ranchers* et des pionniers. Tu le trouveras au cinéma, cheval vedette de tous les westerns !

Le Selle français

Il est le représentant de notre pays sur les terrains de concours, où il excelle et fait la fierté des éleveurs français. Mais c'est aussi un très bon professeur, apprécié par les centres équestres.

Sa taille & son poids

La taille moyenne se situe entre 1,65 m et 1,70 m

Kg
Entre 400 et 550 kg

Sa robe

Les robes les plus courantes sont le bai et l'alezan. Le noir, bai-brun, gris ou pie sont plus rares, mais admis.

Ses caractéristiques

Puissant et énergique, il est reconnu pour son sens de l'obstacle, qui lui permet de franchir les barres de manière intelligente.

Son tempérament

Volontaire, il est doté d'une grande capacité d'apprentissage. Si certains selles français ont un mental un peu délicat, la majorité est plutôt gentille et appliquée.

Son standard

- Tête douce avec un profil rectiligne ou **convexe***
- Oreilles longues et yeux bien enfoncés
- Encolure forte
- Dos droit et croupe allongée
- Arrière-main puissante
- Membres solides et musclés

Il n'existe pas réellement de standard chez le selle français, mais plutôt des critères morphologiques dus à ses diverses origines.

Son histoire

À l'origine du selle français ou SF, on trouve de nombreuses races appelées « demi-sang » et élevées dans plusieurs régions de France. Longtemps sélectionnés pour la guerre, ces chevaux ont été orientés au début du XXe siècle vers les disciplines sportives. C'est en 1958 que les races demi-sang ont fusionné pour créer le selle français. Ces dernières années, la race a beaucoup évolué. À force de sélection génétique, le SF est devenu un vrai athlète, recherché dans le monde entier. Star des terrains de concours, il est aujourd'hui premier au classement mondial en CSO et en complet !

Sa géographie

Grâce à **l'insémination artificielle***, on le trouve partout en France et à l'étranger. Environ 7 000 poulains naissent chaque année dans notre pays.

Premier de la classe en...

Il est avant tout un cheval de sport très doué pour l'obstacle et le complet. Cette monture, utilisée notamment par l'École nationale d'équitation et le Cadre Noir de Saumur, est aussi un merveilleux cheval de club.

L'info en +

Des champions en cascade !

Katchina Mail, Itot du Château, Mylord Carthago, Kraque Boom... Ils sont tellement nombreux à tourner en CSO de haut niveau ! En complet, on retrouve Galan de Sauvagère, Espoir de la Mare ou Expo du Moulin... parmi tant d'autres. Lors des JO de Londres en 2012, le champion olympique en CSO, Nino des Buissonnets, était un selle français. En complet, c'est également un SF, Opgun Louvo, qui est monté sur la plus haute marche !

Le Shagya

Son véritable nom est « arabe shagya ». Très proche du pur-sang arabe, la race a longtemps été la monture favorite des hussards, ces fameux cavaliers militaires hongrois !

Sa taille & son poids

Entre 1,54 m et 1,62 m

Entre 400 et 450 kg

Sa robe

Très souvent grise, sa robe peut être également noire, alezane ou baie.

Son standard

- Tête typée et expressive avec des oreilles écartées et pointues
- Encolure élégante
- Bonne ligne de dos
- Croupe longue et queue portée haute
- Arrière-main musclée et large
- Membres forts et secs

Ses caractéristiques

Il a été sélectionné pour sa force, son endurance et sa prestance. Avec ses foulées amples, il est naturellement dynamique.

Sa morphologie* **se rapproche de celle d'un pur-sang arabe athlétique, mais il a une ossature plus forte et une taille plus grande.**

Son tempérament

Vif, mais avec un caractère équilibré, le shagya se montre coopératif et proche de l'homme. Observateur, il est capable de s'adapter à de nombreuses situations.

Son histoire

Le shagya naît au XVIIIe siècle. En 1789, Joseph II d'Autriche achète le domaine de Bábolna pour y installer le haras militaire impérial. Il veut créer un cheval de guerre aussi endurant et plus fort que le pur-sang arabe, pour porter les hussards et leur matériel. Dès lors, des critères de sélection stricts sont établis : seuls les croisements avec des pur-sang arabes sont admis. Aujourd'hui encore, pour être reconnu shagya, un cheval doit posséder au moins 7 ancêtres shagyas en remontant sur 4 générations ! Longtemps, la race fut utilisée pour la guerre, l'attelage ou la parade mais faillit disparaître avec la chute de l'Empire austro-hongrois, en 1918. En 1979 fut créée l'Association internationale du shagya. En France, la race est reconnue depuis 1989.

Sa géographie

Le shagya reste une race peu répandue. On le trouve dans quelques pays d'Europe et aux États-Unis. En France, il est élevé surtout dans le Sud.

Premier de la classe en...

Très endurant, il peut enchaîner les kilomètres sans être fatigué ! Peu émotif, c'est un bon cheval de randonnée, mais on le trouve également en concours complet, saut d'obstacles et dressage. Il est aussi souvent utilisé pour l'attelage.

L'info en +

Un ancêtre qui a laissé son nom

Le nom du shagya vient tout simplement de l'un des étalons fondateurs de la race, qui s'appelait... Shagya ! Né en Syrie en 1830, ce pur-sang arabe à la robe gris truité était réputé pour la beauté de sa tête et sa grande taille. Il fut importé en Hongrie en 1836. Il semble que l'un de ses petits-fils, Shagya X, ait particulièrement contribué à l'amélioration de la race.

Le Trakehner

Cette race a eu 280 ans en 2012 ! Considéré comme le cheval européen de compétition parfait, le trakehner est aussi la race allemande la plus ancienne et l'une des plus pures.

Son standard

- Tête expressive et courte, avec un œil vif et grand
- Encolure mi-longue et bien portée
- Garrot bien marqué
- Épaule longue et oblique
- Dos mi-long avec une ligne supérieure harmonieuse
- Croupe longue, légèrement oblique et bien musclée
- Articulations larges et sèches

Il se distingue par des allures régulières et propres, avec un pas énergique, un trot élastique et un galop en avant.

Sa taille & son poids

Entre 1,60 m et 1,72 m

Autour de 550 kg

Sa robe

Toutes les robes sont admises.

Ses caractéristiques

Élégant et fier, il a beaucoup de présence ! Sa constitution solide en fait également un cheval réputé pour sa longévité. Il se montre en général bon élève, mais a tendance à être tardif.

Son tempérament

Courageux et énergique, il est aussi doté d'une grande sensibilité, ce qui le rend parfois un peu délicat à manier.

Son histoire

Il est né en 1732, au sein du haras de Trakehnen, en Prusse orientale (territoire aujourd'hui partagé entre la Pologne et la Russie). Issu d'un croisement entre un solide cheval **autochtone*** et des pur-sang (anglais et arabes), il est apprécié des militaires, mais aussi dans le milieu agricole et plus tard, dans le sport. Ainsi, le « trak », comme on l'appelle aussi, va dominer les JO de 1936. Lors de la Seconde Guerre mondiale, pourtant, la race est considérablement affaiblie : après la guerre il reste à peine un millier de trakehners à l'élevage ! Heureusement, la race a su rebondir : en 1947 est créé le *Trakehner Verband,* qui va se battre pour relancer l'élevage en race pure (pas d'autres apports que le pur-sang anglais ou arabe).

Sa géographie

C'est en Allemagne que se situe le **berceau de la race*** et que les trakehners sont les plus nombreux, avec environ 4 000 chevaux. En France, il est reconnu comme « race étrangère » en 1993.

Premier de la classe en...

Habitué des carrés de dressage, il compte dans ses rangs de nombreux champions de la discipline. Il se révèle aussi doué en concours complet. Moins puissant que d'autres races, il enregistre de bons résultats en obstacle !

L'info en +

Le « mythe Trakehner » !

La Seconde Guerre mondiale a bien failli entraîner la disparition totale de la race ! À la fin de l'année 1944, alors que l'armée soviétique approche, le haras de Trakehnen n'est pas autorisé à déplacer ses 1 100 chevaux, pour ne pas affoler la population… Ce n'est que le 17 octobre 1944 que l'ordre d'évacuation est donné : 800 chevaux vont alors parcourir 70 km au trot vers l'ouest. Finalement, seuls 26 juments et 2 étalons franchiront la frontière. Des centaines d'autres « trak » fuient avec leurs propriétaires. Après avoir parcouru 1 800 km en plein hiver, attelés à de lourdes charges, seulement 650 sont parvenus à l'ouest, où beaucoup furent abattus pour servir de nourriture…

Le trotteur français

C'est la race qui enregistre le plus de naissances chaque année en France ! Taillé pour la course de trot, le trotteur français peut aussi devenir un bon cheval de selle polyvalent.

Sa taille & son poids

Entre 1,60 m et 1,70 m

Kg

Entre 500 et 650 kg

Sa robe

Toutes les robes simples sont admises : l'alezan, le bai et le bai-brun sont les plus courantes. Le gris n'existe pas, mais on trouve quelques isabelle ou rouans.

Son standard

- Tête rectiligne, voire busquée
- Sternum proéminent
- Épaule légèrement inclinée
- Modèle compact, mais longiligne
- Dos court
- Croupe large, arrière-main puissante
- Membres résistants
- Pieds à la corne dure

Il n'y a pas de standard pour le trotteur français, mais la caractéristique générale est un dos court et une arrière-main puissante qui sert de moteur.

Ses caractéristiques

Il est plus grand et plus puissant que les autres races de trotteurs. Il a une tendance naturelle à trotter, mais peut tout à fait galoper.

Son tempérament

Le trotteur français est réputé pour sa docilité, son obéissance et sa générosité. Les chevaux délicats sont rapidement écartés des courses et de la reproduction.

Son histoire

Les premières courses de trot ont lieu sur les plages normandes, dans les années 1830. Pour améliorer les performances, les éleveurs ont croisé les chevaux **carrossiers*** normands avec des trotteurs norfolk, venus d'Angleterre, des trotteurs orlov, venus de Russie, et des pur-sang anglais. La race est officiellement créée en 1922. La sélection vers un modèle léger, mais puissant, a permis d'abaisser les records de manière incroyable : les trotteurs aujourd'hui vont environ deux fois plus vite qu'en 1840 !

Sa géographie

La France est, évidemment, la terre d'origine de la race ! Chaque année, on compte près de 11 000 naissances, dont la moitié en Normandie, ce qui en fait le plus gros élevage français. On élève aussi le trotteur français aux États-Unis, au Canada, en Scandinavie et en Italie.

Premier de la classe en...

C'est le spécialiste des courses de trot attelé et de trot monté. Il peut parcourir 1 kilomètre au trot en moins d'1 minute et 10 secondes ! Les poulains commencent le travail à 18 mois et les courses vers 2 ans. Les réformés, pas assez rapides, se reconvertissent souvent en chevaux de club ou de loisir et peuvent être de bons chevaux de CSO ou d'attelage.

L'info en +

Ourasi, le « roi fainéant »

C'est le trotteur français le plus connu de tous, une véritable légende dans le monde du trot. Il est le seul à avoir gagné quatre fois le Prix d'Amérique, la plus grande course de trot en France, et a couru 22 courses d'affilée en un an et demi sans jamais être battu. Un vrai champion ! Mais le plus étonnant était son mental : nonchalant avant et même au début de la course, il donnait tout sur la dernière ligne droite, d'où son surnom de « roi fainéant ». Ourasi est mort en 2013, à l'âge de 33 ans.

Les chevaux de trait et de demi-trait

L'ardennais

Quatrième race de trait française la plus représentée en terme d'effectifs, l'ardennais est souvent décrit comme « l'un des meilleurs chevaux lourds au monde ».

Son standard

- Tête **camuse*** ou rectiligne, avec les yeux légèrement saillants et les oreilles petites et pointées en avant
- Encolure bien greffée et généralement **rouée***
- Arrière-main très musclée
- Poitrail profond et ample
- Dos plutôt court, avec un rein fortement musclé
- Croupe souvent double
- Membres secs et sains
- Pieds larges, avec une corne saine

L'ardennais est compact et trapu. Il possède des allures énergiques et amples.

Sa taille & son poids

Entre 1,60 m et 1,62 m en moyenne

Entre 700 et 1 000 kg

Sa robe

De préférence bai ou rouan, il peut être alezan, aubère, isabelle ou gris fer. Toutes les autres robes sont exclues.

Ses caractéristiques

Puissant, endurant, il est doté d'une très bonne capacité de récupération. À la fois docile et vif, il est apprécié par les professionnels de la traction animale.

Son tempérament

Calme et à l'écoute, il peut cependant se révéler parfois nerveux.

Son histoire

Considéré comme l'une des plus anciennes races de trait, l'ardennais descendrait du cheval de Solutré, une race équine préhistorique. Déjà utilisé par Napoléon pour tirer les canons de l'armée, il a longtemps accompagné les hommes dans l'agriculture, la guerre ou les mines. Ainsi, des croisements avec des percherons, des traits belges, des traits du Nord et des pur-sang ont permis d'obtenir un laboureur né, très puissant. Délaissé dans les années 40 face au succès des tracteurs, c'est finalement grâce au commerce de la viande de cheval que l'ardennais sera sauvé de l'extinction…

Sa géographie

Sa zone d'élevage se situe dans les Ardennes, à cheval entre le quart nord-est de la France et la Belgique. Avec moins de 2 000 juments, la race est aujourd'hui menacée.

Premier de la classe en…

Adapté à la moyenne montagne, il est utilisé pour les travaux agricoles, l'entretien des vignes et le **débardage*** forestier. Il est de plus en plus présent dans les villes. Monté ou attelé, il peut faire un bon cheval de loisir et de tourisme. Malheureusement, le principal débouché pour la race reste encore la boucherie.

L'info en +

Un poulain célèbre !

Connais-tu l'histoire de *Pom le poulain* ? Sorti en 2007, ce film se déroule dans la forêt des Ardennes et met en scène la jument Mirabelle et son poulain, Pom. Accusée à tort d'avoir provoqué un accident, Mirabelle, courageuse jument de débardage, est séparée de Pom. Celui-ci se laisse mourir de tristesse… Mais Julien, le palefrenier, incarné par l'acteur Richard Bohringer, va tout faire pour sauver Pom…

L'auxois

Moins connu que son cousin, l'ardennais, le cheval de trait auxois fait partie de ces races régionales destinées à l'agriculture qui ont bien failli disparaître.

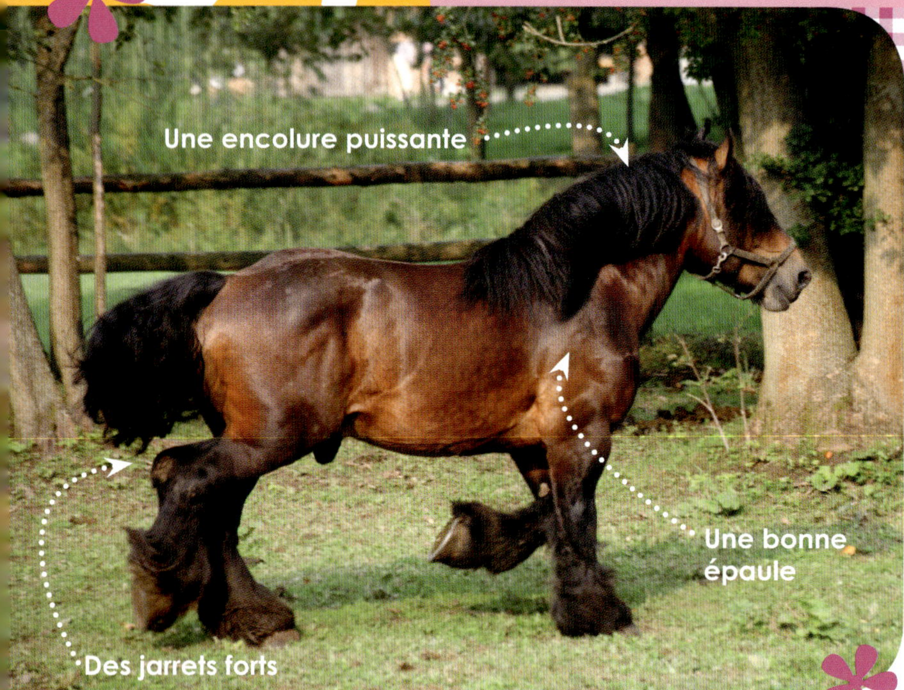

Sa Taille & son Poids

Entre 1,60 m et 1,70 m

Entre 750 et 1 100 kg

Sa Robe

Elle est généralement baie ou rouanne, plus rarement, aubère ou alezane. Les autres couleurs ne sont pas admises.

Son Standard

- Tête courte au front large
- Encolure brève, très musclée, large au niveau de l'attache
- Corps massif au dos court
- Queue portée bas
- Genoux larges et jarrets puissants
- Croupe et avant-bras très musclés
- Fanons peu fournis

Malgré sa taille et sa masse, c'est un cheval qui a des allures amples et souples.

Ses caractéristiques

C'est un cheval de trait bâti pour les travaux de puissance, la traction lente. Fort et massif, il allie un grand format avec des allures souples.

Son Tempérament

Il est doté d'un caractère facile et de beaucoup de sang-froid. C'est un cheval docile, calme et doux, courageux au travail, rustique et à l'entretien facile.

Son histoire

L'auxois est né à la fin du XIXe siècle en Bourgogne. Il est issu d'un mélange entre des juments de ferme locales et des étalons importés – ardennais et traits du Nord.
Cet excellent cheval agricole est détrôné par le tracteur au milieu du XXe siècle. Les éleveurs se lancent alors dans la production pour la boucherie, proposant des animaux de plus en plus gros et lourds. Il échappe à l'extinction dans les années 70, mais reste une des races de trait françaises les plus menacées. On compte seulement une centaine de naissances chaque année et la plupart des chevaux sont élevés pour leur viande.

Sa géographie

L'Auxois est une région de la Bourgogne, dans le centre-est de la France. L'élevage est concentré autour du Haras national de Cluny. Il y a très peu d'élevages d'auxois en dehors du **berceau de la race*.**

Premier de la classe en...

L'auxois est un cheval de traction idéal pour les travaux agricoles. On l'utilise encore aujourd'hui pour le **débardage*,** le maraîchage et la traction de véhicules municipaux en ville. Il tire aussi parfois des roulottes pour les touristes et les attelages dans les fêtes folkloriques. Comme beaucoup de chevaux de trait, il est aussi élevé pour la production de lait de jument.

L'info en +

« Je ne suis pas lourd ! »

Toutes les races de chevaux de trait ont été très touchées par la mécanisation de l'agriculture. Beaucoup ont failli disparaître ! Pour redorer le blason de ces chevaux puissants, oubliés des cavaliers, leur nom a été changé en 1996. Avant, on les appelait « chevaux lourds », ce qui n'était pas très flatteur. À présent, il faut dire « chevaux de trait » pour désigner ces gentils géants.

Le boulonnais

Il est surnommé le « pur-sang des chevaux de trait » ou le « colosse en marbre blanc ». Vif et élégant, le boulonnais porte le nom de sa région d'origine.

Sa taille & son poids

Entre 1,55 m et 1,80 m, selon le modèle

Entre 300 et 900 kg, voire plus

Sa robe

Elle était plutôt noire et bai foncé jusqu'au XVIIIe siècle. Le gris (plus visible la nuit lors du transport du poisson !) est maintenant la robe principale du boulonnais. Une partie des chevaux sont alezans ou plus rarement noirs.

Ses caractéristiques

Calme et endurant, il dégage une énergie très forte, qui fait sa particularité.

Son tempérament

Généreux et doux, il reste un cheval vif.

Son standard

- Tête distinguée, avec un chanfrein légèrement busqué
- Oreilles courtes et fines
- Croupe volumineuse, musclée
- Dos large et tendu
- Poitrail large
- Articulations larges et fortes, de même que les pieds
- Allures actives et amples

La race se divise en deux catégories : le trait boulonnais, grand, puissant, traditionnellement utilisé pour l'agriculture, et le mareyeur, plus petit, réservé aux transports rapides.

Son histoire

Selon la légende, le boulonnais serait né de croisements entre les chevaux nord-africains de Jules César et des juments du nord de la France. Il est probable que son sang oriental soit issu de l'époque des croisades. Officiellement reconnu sous le règne de Louis XIV, il est vite devenu populaire en France. Ainsi, jusqu'au milieu du XIXe siècle, les boulonnais étaient utilisés pour transporter le poisson frais jusqu'à Paris. On les surnommait les « mareyeurs ». Ce convoyage cessera avec l'arrivée des chemins de fer. Cette race, menacée par la mécanisation des transports, sera « sauvée » par la boucherie. Aujourd'hui, elle connaît d'autres débouchés, notamment avec la création de l'arabo-boulonnais, cheval de loisir vif et robuste.

Sa géographie

Le **berceau de la race*** se situe dans le Pas-de-Calais. C'est en France et en Europe que la race est la plus répandue. Mais le boulonnais reste l'un des chevaux de trait français les plus menacés, avec environ 200 naissances chaque année.

Premier de la classe en...

Il est de plus en plus apprécié en attelage de loisir ou de compétition. La race fait également son retour en traction animale (labour, vignes, **débardage*** forestier).

L'info en +

En hommage au boulonnais...

Créée en 1991, la « Route du poisson » est une course d'endurance de 24 heures ouverte aux attelages de chevaux de trait. Elle rend hommage aux chevaux qui transportaient le poisson frais jusqu'à Paris et relie Boulogne-sur-Mer à la capitale, soit environ 300 km ! Cette épreuve, qui rassemble environ 300 000 spectateurs, se déroule en septembre tous les deux à trois ans. La race boulonnaise a remporté la course en 1991, 2001, 2003 et 2005 !

Le clydesdale

Ce grand cheval de trait a beaucoup d'allure et ne passe pas inaperçu ! Rare en France, le clydesdale est notamment la star d'une série de publicités américaines.

Sa taille & son poids

Entre 1,65 m et 1,80 m

Entre 750 et 1 000 kg

Sa robe

Généralement baie ou bai-brun, parfois rouanne ou noire. Elle est souvent dite « sabino » (avec des marques blanches sur la tête et les membres, et parfois des taches blanches sous le ventre).

Ses caractéristiques

C'est l'un des plus grands et plus lourds chevaux du monde. D'une taille imposante, il a un beau port de tête et une certaine légèreté qui lui donnent du charisme.

Son tempérament

Paisible, doux, il est amical avec l'humain. C'est un cheval facile à éduquer.

Son standard

- Grande tête au front large et au profil droit
- Encolure longue, attachée solidement
- Garrot haut
- Dos court et fort
- Croupe et cuisses très musclées
- Articulations épaisses
- Pieds plats et très larges
- Fanons très abondants

Il ressemble beaucoup à son proche cousin, le shire. Le clydesdale est légèrement plus petit, avec des fanons plus fournis et une robe plus marquée de blanc.

Son histoire

La race a été créée fin 1700 dans la vallée de la Clyde, en Écosse, grâce à un croisement entre des juments locales et des étalons de trait belge. Les chevaux étaient destinés aux travaux agricoles et à la traction des wagons à charbon. À la fin du XXe siècle, leur succès les emmène aux États-Unis et en Australie… avant de décliner avec l'arrivée de l'automobile. Grâce aux brasseries américaines qui en ont fait leur mascotte et l'utilisent pour tracter leurs calèches de parade, le clydesdale est revenu à la mode.

Sa géographie

Le clydesdale est considéré comme une espèce vulnérable. La moitié des 6 000 naissances annuelles ont lieu aux États-Unis. Le Royaume-Uni et surtout l'Écosse, son pays d'origine, sont le deuxième plus gros lieu d'élevage. En France, on compte peut-être une dizaine de chevaux.

Premier de la classe en…

Le clydesdale est avant tout un excellent cheval d'attelage. Avec ses belles allures, c'est le cheval idéal pour les parades, manifestations et fêtes. Mais il peut aussi être monté pour le loisir ou la randonnée. Et comme il est expressif et facile, c'est un très bon candidat pour le spectacle et le cinéma !

L'info en +

Des pieds comme des soucoupes !

En Écosse, les sols sont humides et les paysages couverts de tourbières. Pour s'adapter à cette région, le clydesdale a développé de très larges sabots. Grâce à eux, il peut marcher sans s'enfoncer, à la façon des raquettes sur la neige. Ainsi, son pied peut avoir la taille d'une grande assiette, ce qui peut se révéler impressionnant quand tu lui cures les pieds pour la première fois !

Le cob normand

Il est considéré comme « le plus petit et le plus fin » des chevaux de trait. Originaire de Normandie, le cob normand associe les qualités des chevaux de sang et des chevaux de trait.

Sa taille & son poids

Entre 1,58 m et 1,71 m

Kg

Entre 550 et 900 kg

Sa robe

On trouve toutes les nuances de l'alezan et du bai, mais il peut également être bai-brun foncé. Les balzanes, marques et listes en tête sont acceptées.

Son standard

- Tête distinguée, avec des oreilles bien plantées et un chanfrein droit ou busqué
- Encolure forte et bien greffée, avec une crinière parfois rasée
- Dos droit et relativement court
- Hanches larges
- Croupe raisonnablement double et musclée
- Membres secs et forts

Il a l'aspect d'un cheval de sang, en plus fort. Sa morphologie* **peut être très variable selon qu'il est destiné à la selle, l'attelage ou la production de viande**

Ses caractéristiques

Rustique, le cob normand est un cheval précoce, qui peut être mis au travail rapidement. Énergique et sportif, il possède des allures dynamiques.

Son tempérament

Volontaire et généreux, c'est un cheval franc. Il n'en garde pas moins une forte personnalité et n'est pas à mettre entre toutes les mains !

Son histoire

Originaire de Basse-Normandie, le cob normand est issu du **carrossier*** normand, un cheval de traction légère très réputé au XIXe siècle. Le croisement avec des pur-sang anglais et des trotteurs norfolk va conduire à la création du cob normand au XXe siècle. Utilisé un temps pour les travaux agricoles, la race va très vite être orientée vers la production de selles français, par croisement avec des pur-sang. Sa vocation de « créateur de race » l'a sauvé du déclin subi par les chevaux de trait. Depuis la fin du XXe siècle, le cob normand s'est trouvé un nouveau débouché, avec l'attelage de compétition, discipline dans laquelle il s'illustre régulièrement.

Sa géographie

C'est principalement dans la Manche, le Calvados et l'Orne que le cob normand est élevé. Il est également exporté vers la Belgique, l'Italie et l'Allemagne. La race parvient à maintenir des effectifs stables.

Premier de la classe en...

Très recherché pour l'attelage de loisir ou de compétition, il est à mi-chemin entre les chevaux de sang, trop nerveux, et les chevaux de trait, presque trop calmes. Il est aussi agréable sous la selle et est capable de s'adapter à de nombreuses disciplines. Recherché pour les croisements avec des pur-sang anglais, il est également utilisé pour la boucherie.

L'info en +

Un trio de choc !

Ancien agent des Haras nationaux, Marc Hermelin, basé en Aveyron, est aujourd'hui moniteur d'équitation et artiste équestre. Pendant de nombreuses années, il a eu à ses côtés deux cobs normands, Fillou et Napollon, très complices de leur cavalier. Dressage, poste hongroise ou travail en liberté… les deux magnifiques chevaux bais se sont beaucoup produits en spectacle, avant de prendre une retraite bien méritée !

Le comtois

Beau brun à la crinière claire, le comtois est aujourd'hui le cheval de trait le plus connu et le plus répandu en France grâce à un physique pratique et un bon caractère.

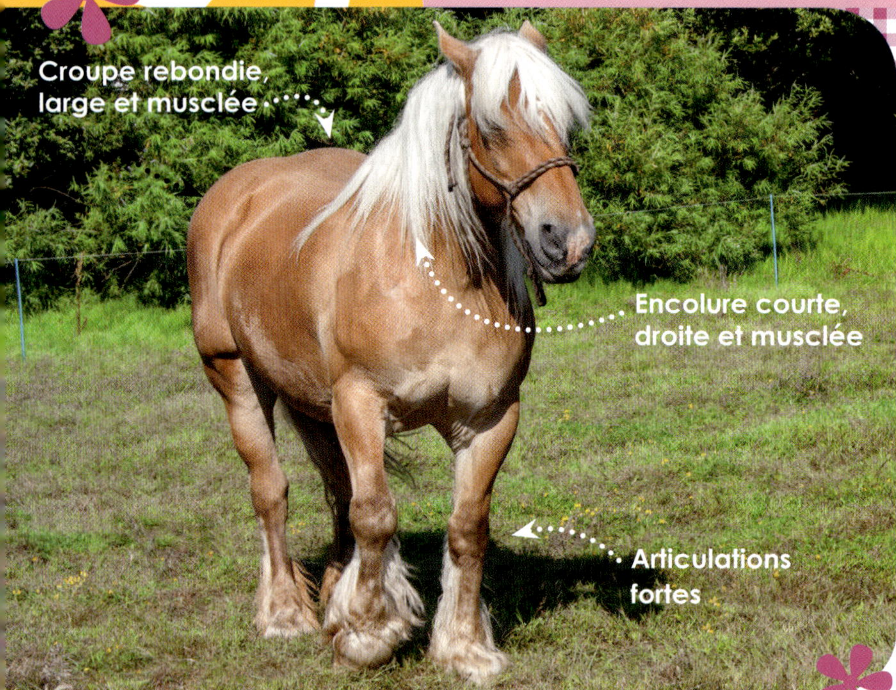

Sa taille & son poids

Entre 1,50 m et 1,65 m

Entre 650 et 800 kg

Sa robe

Il est le plus souvent alezan foncé, ou alezan crins lavés. Le bai est accepté, mais plus rare. Les marques blanches doivent être discrètes.

Ses caractéristiques

C'est le petit cheval de trait de montagne par excellence : trapu, compact et dense. Rustique, léger et endurant, il est assez polyvalent.

Son tempérament

Il est réputé pour être doux, travailleur et docile. Son format et son caractère en font un cheval facile à manier et à manipuler.

Son standard

- Tête grande et carrée au front large
- Toupet fourni et crinière abondante
- Encolure courte, droite et musclée
- Corps compact
- Croupe rebondie, large et musclée
- Articulations fortes
- Membres courts et secs

Le trait comtois est marqué au fer rouge des lettres T et C généralement entrelacées sur l'encolure. Seuls les chevaux marqués ont le droit de se reproduire.

Son histoire

On parle du cheval comtois dès l'époque romaine. Résultat de croisements entre des juments de Bourgogne et des étalons allemands, il a longtemps été la monture des chevaliers de Franche-Comté. Sous Louis XIV puis Napoléon Ier, il a ensuite tiré les carrosses puis les canons sur les champs de bataille… La race a alors failli disparaître, décimée par les guerres. L'élevage reprend doucement au XIXe siècle, et le comtois partage un temps le même **stud-book*** que le franches-montagnes, avant de se spécialiser pour le travail des champs. Il devient alors plus puissant et plus rustique, c'est le modèle que l'on connaît aujourd'hui.

Sa géographie

Le **berceau de la race*** est le Jura, qui reste le premier lieu d'élevage. Mais on le trouve aussi dans les Alpes, les Pyrénées et le Massif central. Il est aussi présent en Belgique, en Espagne, en Hollande et en Allemagne.

Premier de la classe en…

L'attelage et les travaux agricoles sont sa spécialité. Le comtois est par exemple utilisé pour le **débardage***, l'attelage de sport et la calèche touristique (location de roulottes, traîneaux-taxis d'Avoriaz). Il est aussi utilisé en **équithérapie*** avec les handicapés, pour la production de lait de jument et les spectacles équestres.

L'info en +

Une belle tresse

En concours d'élevage, la tradition est de présenter les chevaux de trait avec les crins tressés. Il faut dire que leur épaisse crinière peut empêcher d'admirer leur **morphologie***. Chaque race a ses petites préférences. Pour les comtois, il est d'usage de faire une grosse tresse bien serrée pour dégager l'encolure. Le bout de la tresse se termine en tombant le long de l'épaule. Pour faire joli, on peut la décorer de brins de laine ou de raphia de couleur.

Le franches-montagnes

Unique race de chevaux suisse, le franches-montagnes est le dernier cheval de trait léger d'Europe de l'Ouest. Fin mais puissant, c'est un vrai sportif !

Sa taille & son poids

Entre 1,50 m et 1,60 m

Entre 550 et 650 kg

Sa robe

Il est généralement bai. On trouve aussi beaucoup d'alezans, d'alezans crins lavés, de noirs et quelques gris.

Ses caractéristiques

Représentant de l'ancienne famille des **carrossiers***, le franches-montagnes est un cheval polyvalent, solide et rustique, mais vif et endurant.

Son tempérament

À l'âge de 3 ans, ils doivent passer des tests d'équitation et de comportement pour être inscrits au **stud-book***. Grâce à cette sélection, le franches-montagnes est réputé calme, doux et posé.

Son standard

- Tête élégante au profil rectiligne, voire légèrement **concave***
- Belles ganaches
- Crins abondants
- Encolure forte, robuste et bien attachée
- Garrot sorti et bien développé
- Épaule longue et inclinée
- Croupe musclée et légèrement avalée
- Articulations basses et solides

Malgré un modèle puissant issu d'origines de trait, le franches-montagnes reste un cheval au physique sportif.

Son histoire

Le nom *franches-montagnes* désigne le haut plateau du Jura suisse, une région autrefois affranchie des impôts. C'est dans ces montagnes vertes qu'est née la race. Longtemps très proche du cheval comtois, son voisin de l'autre côté de la frontière, le franches-montagnes est devenu un cheval à part entière en 1870. À cause d'une longue histoire pleine de déclins et de reconversions, la race est un joyeux mélange composé, entre autres, de petits chevaux locaux, d'anglo-normands, de pur-sang arabes, de trakehners et de demi-sang suédois. Depuis 1997, le **stud-book *** est fermé à tout apport de sang extérieur.

Sa géographie

Le franches-montagnes est originaire du Jura suisse, mais il est maintenant élevé dans tout le pays. Il est très apprécié en France, surtout dans l'est du pays (Rhône-Alpes, Ardennes). On le retrouve aussi en Italie, en Belgique et en Allemagne

Premier de la classe en...

Grâce à sa polyvalence, il excelle en **TREC***, attelé comme monté. Côté attelage, c'est une race reconnue pour le loisir, le sport et l'attelage de tradition. C'est un excellent cheval d'extérieur. On trouve même des individus de bon niveau dans des disciplines variées : l'endurance, l'équitation western, le dressage handisport…

L'info en +

Au nom du père

On peut connaître les origines d'un cheval franches-montagnes à la première lettre de son nom. En effet, il est de tradition de nommer le poulain avec un nom commençant par la même lettre que son papa. Cette pratique est même obligatoire pour les futurs étalons. On peut ainsi facilement remonter jusqu'aux premiers ancêtres !

Le frison

On le surnomme « la perle noire ». Ce beau cheval de trait hollandais à la robe ébène et aux allures aériennes fait le bonheur des cavaliers de dressage et de spectacle.

Son standard

- Tête fière et expressive
- Encolure implantée verticalement, en col-de-cygne
- Dos long avec un garrot haut
- Corps en rondeur et en puissance
- Sabots larges et fanons abondants
- Crins très longs, parfois ondulés

Il est reconnaissable à ses allures relevées et à son port de tête très haut, qui donne l'impression d'une taille plus imposante qu'en réalité.

Sa taille & son poids

Entre 1,55 m et 1,65 m

Entre 750 et 800 kg

Sa robe

Elle est toujours entièrement noire. Aucune marque blanche n'est acceptée pour les étalons, une petite étoile blanche est tolérée pour les autres.

Ses caractéristiques

Cheval de trait assez léger, c'est un excellent trotteur doté d'allures brillantes.

Son tempérament

C'est un cheval gentil et doux, mais aussi assez vif et sensible. Plein de bonne volonté, il peut se montrer joueur et cabotin devant un public.

Son histoire

Le frison tire son nom de la Frise, une province du nord de la Hollande. C'est une très ancienne race : on trouve des traces de ses ancêtres 1 000 ans av. J.-C., puis tout au long de l'histoire. Au Moyen Âge, il est la monture des seigneurs. Au XVIe siècle, il constitue la cavalerie d'écoles de dressage et, plus tard, celle d'officiers militaires. Au XIXe siècle, il devient populaire pour la course de trot... C'est finalement en 1879 qu'un registre d'élevage est créé par un groupe de passionnés. Le frison prend alors la forme qu'on lui connaît aujourd'hui. Au cours des siècles, il a influencé de nombreuses races : fell, dales, clydesdale, oldenburg...

Sa géographie

Les Pays-Bas, pays d'origine du frison, hébergent encore 70 % du **cheptel*** mondial. L'Allemagne est le deuxième plus gros lieu d'élevage. En France, on compte une cinquantaine de naissances chaque année.

Premier de la classe en...

Bien sûr, le frison est avant tout un cheval d'attelage. C'est d'ailleurs la seule race autorisée à tirer l'attelage de la reine Béatrix des Pays-Bas. Mais c'est en dressage que le panache du frison prend toute sa dimension. Le spectacle lui convient très bien aussi.

L'info en +

Un nouveau cousin : l'arabo-frison

Depuis les années 60, certains éleveurs ont voulu apporter à la race un peu de sang, de légèreté et d'endurance pour former un cheval plus sportif. Ils ont alors créé l'arabo-frison : un frison léger avec environ 10 à 20 % de sang arabe dans les veines. C'est un mariage qui plaît et s'exporte énormément. Créé en 2000, le **stud-book*** européen de l'arabo-frison compte maintenant près de 1 000 individus dans le monde !

L'irish cob

« L'or des gitans ne brille ni ne tinte. Il luit dans le soleil et hennit dans l'obscurité ». Petit cheval de trait pie et très poilu, l'irish cob fait la fierté des Gitans d'Angleterre et des *Travellers* d'Irlande dont il a longtemps tiré les roulottes.

Sa taille & son poids

Entre 1,35 m et 1,55 m, avec un maximum d'1,70 m

Kg

Autour de 500 kg

Sa robe

Toutes les robes sont acceptées. Il n'y a pas d'exigence de couleur, mais le pie est de loin le plus répandu.

Ses caractéristiques

C'est un cheval trapu et robuste, mi-lourd, au port de tête droit et fier. Il a des allures franches : un pas énergique et un trot bien relevé.

Son tempérament

Il est réputé pour être doux et amical ; on le surnomme souvent le « cheval-chien ». C'est un cheval à sang froid, peu émotif, mais qui peut rester dynamique sous la selle.

Son standard

- Front large et plat, ganaches généreuses
- Encolure courte, bien musclée, **rouée***
- Épaule et croupe puissantes
- Crinière épaisse et longue
- Membres à l'ossature épaisse
- Poil épais et fanons abondants
- Ventre soutenu

Le mot *cob* désigne un type de cheval de taille moyenne, aux proportions à mi-chemin entre le cheval de selle et le cheval de trait.

Son histoire

L'histoire de l'irish cob est liée au sort des *Travellers*, ces paysans irlandais expulsés de leurs fermes pendant la Grande Famine entre 1845 et 1848. Devenus nomades, ils récupèrent à bas prix les chevaux rejetés par les fermiers : les petits, les trapus et les pie. Peu à peu, ils croisent leurs chevaux pour obtenir des animaux suffisamment forts pour tracter les roulottes qui leur servent de maison, et assez doux pour être les compagnons de jeux des enfants. L'élevage était une tradition orale jusqu'en 1998, date à laquelle un véritable **stud-book*** est établi.

Sa géographie

Les deux **berceaux de la race*** sont l'Irlande et l'Angleterre où l'irish cob est encore élevé et vendu en grand nombre. Mais la race est aussi à la mode en Allemagne et en France.

Premier de la classe en...

Ce cheval affectueux est polyvalent et est capable de faire plaisir à son cavalier dans des disciplines variées : voltige, longues rênes, **ski-joëring***, randonnée, dressage et obstacle à petit niveau, attelage de loisir, **equifeel***, spectacle... Un irish cob a même été champion du monde de **TREC*** en 2000 ! Sa gentillesse en fait une race appréciée pour le club et l'**équithérapie***.

L'info en +

Tinker, gypsy cob, gypsy vanner...

Voilà beaucoup de noms pour un seul cheval ! En Irlande, on l'appelle l'*irish cob* (le cob irlandais). En Angleterre, il est surnommé le *gypsy cob* (le cob des Gitans). Les deux pays se disputent la paternité de la race et donnent des standards légèrement différents. Pour éviter le débat, on l'appelle souvent tout simplement *tinker* dans les autres pays d'Europe. Aux États-Unis, les premiers éleveurs à importer ces chevaux les baptisèrent *gypsy vanner*.

Le Percheron

Il est sans doute le cheval de trait français le plus connu ! Grand et élégant, certains disent de lui qu'il est « la version luxe » du cheval de trait.

Son standard

- Tête expressive, rappelant les origines orientales
- Chanfrein droit ou **camus***
- Encolure souvent **rouée***, avec une crinière fournie
- Croupe ample et souvent double
- Queue abondante et attachée haut
- Membres sains, avec des fanons peu fournis
- Allures actives, étendues

Pour reconnaître les percherons pure race, repère les lettres S et P (pour Société hippique percheronne), marquées au fer rouge sur le côté gauche de l'encolure.

Sa taille & son poids

La taille moyenne entre 1,55 m et 1,85 m

Entre 700 et 1 200 kg

Sa robe

En France, elle doit être grise ou noire. Le gris fortement pommelé et le noir de jais sont très appréciés. Aux États-Unis, les chevaux rouans, bais ou alezans sont également autorisés.

Ses caractéristiques

Capable d'efforts intenses, il sait se montrer vif, mais peut également rester très calme. Souvent qualifié de « force tranquille », il est facile à manier.

Son tempérament

Généreux et volontaire, c'est un cheval qui aime apprendre.

Son histoire

Le percheron tient son nom de la région du Perche, dans laquelle il est né. Ses origines remontent au VIIIe siècle et sont fortement liées aux pur-sang arabes ramenés des croisades. Au cours des siècles, la race, créée en 1883, s'est très bien intégrée dans les campagnes et les villes. Dès le début du XXe siècle, des percherons sont exportés vers de nombreux pays. En France, la race est « alourdie » pour la boucherie et perd peu à peu ses caractéristiques. Grâce aux États-Unis, qui ont gardé le percheron d'origine pour le **show***, la France a fait venir, à la fin du XXe siècle, des étalons américains pour retrouver un modèle plus fin et élancé adapté à l'attelage.

Sa géographie

Originaire du sud de la Normandie, le percheron est présent partout en France. Il connaît également un énorme succès à l'étranger. Les États-Unis, par exemple, comptent autant de percherons que l'Hexagone (environ 4 000 chevaux) !

Premier de la classe en...

Il est beaucoup utilisé pour l'attelage de roulottes, calèches touristiques, véhicules publicitaires, en France et surtout à l'étranger. Apprécié en compétitions d'attelage, il est aussi de plus en plus utilisé pour les travaux urbains. Au Japon, il est connu pour le « trait-tract », courses attelées très populaires. Enfin, il fait un bon cheval de loisir, attelé ou monté.

L'info en +

Une race, deux modèles

Il existe en réalité deux branches dans la race. Le trait percheron, plus puissant et massif, était autrefois utilisé pour les travaux agricoles. D'un poids compris entre 800 kg et 1 tonne, il est capable de tirer de grosses charges au pas. Le diligencier est plus grand, plus rapide et plus léger dans ses allures. Traditionnellement utilisé en ville pour le transport des marchandises ou des personnes, il est aujourd'hui apprécié en attelage de compétition ou de loisir.

Le Poitevin mulassier

Cette race issue des marais du Poitou est l'une des races de trait les plus menacées de disparition aujourd'hui. Pourtant, elle a une qualité rare : celle de produire d'excellentes mules !

Son standard

- Tête forte, plutôt longue au profil droit ou **convexe***
- Ganaches écartées
- Encolure longue chargée d'une lourde crinière
- Ossature importante et lourde
- Poil abondant, parfois frisé ou en pinceaux aux genoux et aux jarrets
- Membres puissants aux articulations larges
- Hanches écartées et croupe large

C'est un cheval aux formes plus allongées que la plupart des autres chevaux de trait.

Sa taille & son poids

Entre 1,60 m et 1,75 m

Environ 850 kg en moyenne

Sa robe

Toutes les robes sont admises, sauf le pie. Les couleurs sont variées (souris, isabelle, gris, rouan…), avec possibilité d'une raie de mulet et de zébrures sur les membres.

Ses caractéristiques

C'est un cheval de trait au modèle différent et assez reconnaissable : typé, coloré, allongé. Il est puissant, mais peu endurant. Ses allures sont lentes, mais relevées.

Son tempérament

Le poitevin mulassier est robuste et paisible. Doux et patient, il est volontaire et à l'écoute, mais peut manquer d'énergie.

Son histoire

Il est né du marais poitevin, qui a façonné son physique pour vivre sur ces terrains humides. On dit qu'il est « fils du vent marin, de la terre et des eaux ». Au XVIe siècle, des ingénieurs hollandais et belges sont chargés d'assécher ces marais, et amènent des chevaux de trait belges et des frisons, qui seront croisés avec les montures locales. Utilisés pour l'attelage et divers travaux de ferme, les poitevins mulassiers sont surtout appréciés pour la production de mules. Le **stud-book*** est ouvert en 1884, mais la race décline très rapidement au XXe siècle. En 2006, avec moins de cent naissances par an, il s'agissait de la race chevaline française la plus menacée.

Sa géographie

La race est surtout élevée dans ses départements de naissance : la Vendée et la Charente-Maritime. Quelques très rares élevages existent aux États-Unis, en Suisse et en Suède.

Premier de la classe en...

Pour donner la plus robuste des mules, rien ne vaut le croisement d'une jument poitevine mulassière avec un âne de la race baudet du Poitou ! Aujourd'hui encore, la race est demandée pour produire des mules de loisir. Outre cette utilisation très particulière, le poitevin mulassier fait un bon cheval d'attelage et de travail. Sa **morphologie*** en fait aussi un animal confortable à monter.

L'info en +

L'inséparable baudet du Poitou

Leurs destins ont toujours été liés. Le baudet du Poitou a longtemps été croisé avec le poitevin mulassier pour fabriquer les fameuses mules poitevines, réputées mondialement. Il a subi les mêmes années de gloire et de déclin. Tu le reconnaîtras facilement : c'est un âne de grande taille, couvert de longs poils bruns, souvent emmêlés en dreadlocks.

Le Shire

Cette très ancienne race anglaise détient le record du plus grand cheval au monde. Ce cheval d'exception, impressionnant et très puissant, est pourtant surnommé le « gentil géant ».

Son standard

- Tête longue et mince
- Profil **convexe*** ou busqué
- Encolure longue, haute et légèrement arrondie
- Épaules profondes et obliques
- Dos court, fort et musclé
- Fanons très abondants
- Pieds larges à la corne dure
- Crins longs, mais fins

Le shire est un cheval « tardif ». Il est souvent sevré tard (après 9 mois) et évolue lentement vers son physique adulte, qu'il atteint vers 7 ans.

Sa taille & son poids

En moyenne 1,80 m pour les mâles

En moyenne 1 000 kg (soit une tonne !)

Sa robe

Elle est très souvent noire, avec de grandes balzanes et une large liste blanche. Mais elle peut aussi être baie ou grise.

Ses caractéristiques

Il est immense et très puissant. Il possède toutes les caractéristiques du cheval de traction, alliées à beaucoup d'élégance et de finesse.

Son tempérament

Si on le surnomme le « gentil géant », ce n'est pas pour rien ! Il est patient, docile, courageux et calme. Au travail, c'est un animal dynamique et volontaire, peu émotif, mais doté d'un grand cœur.

Son histoire

Il est originaire des comtés (*shire* en anglais) du centre de l'Angleterre. On retrouve des écrits sur un grand cheval noir à l'époque romaine. Réputé comme cheval de bataille, le shire est, au Moyen Âge, le destrier des chevaliers. Au XVIe siècle, les paysans le croisent avec des chevaux lourds belges ou hollandais, pour le réorienter vers le trait et l'attelage. On le surnomme alors longtemps *Old English Black* (« le vieil anglais noir »). Le registre de la race est finalement fondé en 1876 avec un modèle allégé, grâce à du sang frison et peut-être même pur-sang.

Sa géographie

On considère que la race est menacée, avec moins de 2 000 chevaux dans le monde. La plupart des éleveurs sont en Angleterre et aux États-Unis, avec quelques rares élevages en France et en Allemagne.

Premier de la classe en...

La robe, le format et l'élégance du shire en font un merveilleux cheval d'apparat. Il excelle en attelage de tradition et est régulièrement utilisé pour les parades, où il représente traditionnellement les brasseries anglaises. On trouve aussi quelques shires montés ou attelés en spectacle équestre, où ils font toujours grande impression.

L'info en +

La race de tous les records

À la rubrique « plus grands chevaux du monde » du Livre *Guinness des records*, on ne trouve que lui ! Le plus grand cheval ayant existé s'appelait Sampson, un shire de 2,19 m au garrot pesant plus de 1 500 kg ! Actuellement, le plus grand cheval vivant serait Noddy, un étalon shire gris, qui ne ferait que 2,05 m au garrot... Le shire est aussi l'un des chevaux les plus puissants au monde. En 1803, lors d'une démonstration, un représentant de la race a tracté un train de 55 tonnes contenant 55 passagers sur 10 kilomètres !

Le trait belge

Aussi connu sous le nom de « brabant » ou « brabançon », le cheval de trait belge est particulièrement puissant. Doté d'un calme à toute épreuve, il est souvent décrit comme un travailleur fiable.

Sa taille & son poids

Entre 1,60 m et 1,70 m

Son poids atteint facilement 1 000 kg !

Sa robe

Les robes d'origine étaient le bai, l'alezan ou le noir. Aujourd'hui, deux autres couleurs sont acceptées : le rouan, très courant, et le gris, plus rare.

Son standard

- Tête bien proportionnée et plutôt légère
- Oreilles petites et fines, droites, un peu en avant et attentives
- Encolure puissante, assez lourde, bien large à la base
- Dos large et court, légèrement courbé
- Poitrail rond et large
- Jambes solides, avec des articulations larges et sèches
- Sabots larges et durs

Son squelette solide, sa musculature puissante et son modèle massif en font l'un des chevaux de trait les plus imposants.

Ses caractéristiques

Sa puissance et sa force en font un cheval apprécié pour les travaux difficiles.

Son tempérament

Excessivement calme, il est cependant éveillé et à l'écoute.

Son histoire

Déjà utilisé au Moyen Âge pour les tournois et à la guerre, c'est au XVIIe siècle que l'élevage du cheval de trait belge débute vraiment. Pour tirer les convois postaux et les diligences sur de longs trajets, il faut en effet des animaux énergiques. Au XIXe siècle, la race est vraiment fixée, à partir d'une fusion entre le cheval flamand, le brabançon et l'ardennais belge. Dès lors, le cheval de trait belge connaît un succès croissant, utilisé pour les travaux agricoles et exporté vers l'étranger en tant qu'**améliorateur de races***. Dans l'entre-deux-guerres, il sera même considéré comme « la meilleure race chevaline au monde » ! Aujourd'hui, c'est la Société Royale Le Cheval de Trait Belge, créée en 1886, qui gère le **stud-book*** de la race.

Sa géographie

Le cheval de trait belge est aujourd'hui encore essentiellement élevé dans son pays d'origine, surtout par des agriculteurs. Près de 1 000 naissances sont enregistrées chaque année. Il est un peu exporté vers la Hollande ou la Suisse et également vers les États-Unis.

Premier de la classe en...

Sa docilité et sa force en font un cheval apprécié pour le **débardage*** ou les travaux. Il est également le seul cheval au monde avec lequel on pêche à la crevette !

L'info en +

Une pêche originale

Sur les plages de Flandre, près de la frontière franco-belge, tu peux assister à un incroyable spectacle. Montés sur d'imposants chevaux de trait belge, des hommes en ciré jaune pratiquent une pêche traditionnelle : la pêche à la crevette. Deux fois par semaine (sauf en hiver), les chevaux entrent dans l'eau et longent la côte à marée basse. Les filets qu'ils traînent derrière eux permettent de piéger les crevettes, qui sont ensuite versées dans les paniers fixés sur les flancs des chevaux !

Le trait breton

Si tu vas en Bretagne, impossible de le rater… Ce cheval fait partie intégrante du patrimoine culturel breton ! Qu'il soit « trait » ou « postier », il revient au grand galop sur le devant de la scène !

Son standard

- Tête carrée de volume moyen
- Chanfrein droit, parfois **camus***
- Encolure longue et forte mais bien greffée, légèrement **rouée***
- Épaule longue et oblique, avec une poitrine profonde
- Dos tendu, large et musclé
- Croupe large et double

Ses membres courts lui donnent un aspect ramassé et « près de terre ». Deux types morphologiques sont différenciés : le « trait », assez compact, et le « postier », plus léger et étendu dans ses allures.

Sa taille & son poids

Environ 1,58 m

Entre 700 et 900 kg

Sa robe

Les robes principales sont l'alezan et l'aubère, mais le bai, le noir et le rouan sont également admis. La robe et les membres ne doivent pas comporter trop de marques blanches.

Ses caractéristiques

Réputé rustique, endurant et travailleur, le trait breton possède des allures vives et de l'élégance, malgré ses membres courts.

Son tempérament

Il allie un certain influx nerveux et un très bon caractère.

Son histoire

Descendant probable des montures des Celtes, influencé par des apports de sang oriental, il vit aux côtés du peuple breton depuis bien longtemps… Tour à tour monture de voyage confortable, cheval de guerre vif et résistant, élégant **carrossier***, courageux travailleur auprès des paysans : le trait breton a toujours su s'adapter ! Au XIXe siècle, le monde entier le connaît et l'importe… Le **stud-book*** de la race est d'ailleurs créé en 1912. Les types trait et postier sont rassemblés quelques années plus tard. Dans les années 70, la boucherie devient le principal débouché de la race, qui va être « alourdie ». Une tendance qui n'est plus d'actualité : aujourd'hui, la race a retrouvé sa vocation de cheval de trait !

Sa géographie

Son **berceau de race*** s'étend essentiellement sur les quatre départements bretons. Mais on trouve désormais la race partout en France. Elle est également largement exportée vers l'Espagne, l'Italie ou le Brésil.

Premier de la classe en…

Avec ses allures énergiques et sa grande docilité, le postier breton est un cheval d'attelage idéal. Le trait breton, lui, continue à être utilisé pour les travaux agricoles… et pour la viande. Cheval « multi-usage », il est aussi, de plus en plus, un animal écologique qui entretient les milieux naturels.

L'info en +

Naer, une légende vivante !

Aux Crinières d'Or 2010, à Avignon, il enchaînait les sauts d'école dans le spectacle *La légende de Naer* ! Avec son cavalier Laurent Jahan, Naer (« serpent » en breton !) parcourt le monde depuis quelques années. En Allemagne, en Suisse ou en Finlande, sur les plus grandes scènes, le postier breton joue parfaitement son rôle de cheval de combat. Mélange de force et de légèreté, cet alezan brûlé est vraiment un magnifique représentant de la race !

Le trait du Nord

Issu de la même région que le boulonnais, le trait du Nord est beaucoup moins connu. Puissant et bien adapté aux terres agricoles de son berceau de race*, il aurait sans doute disparu sans les efforts de quelques passionnés.

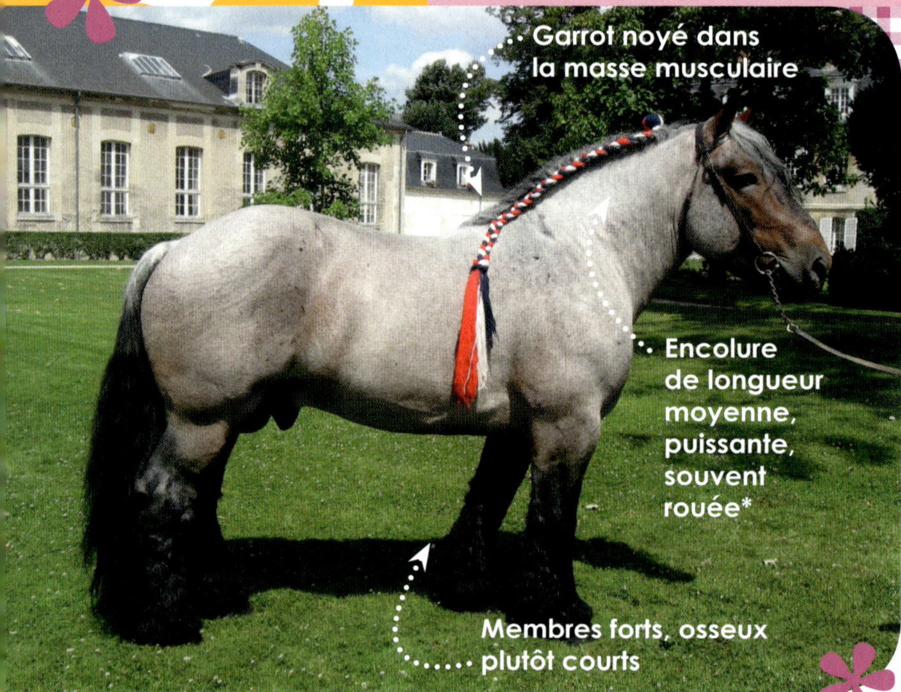

Sa taille & son poids

Environ 1,65 m pour les juments, 1,72 m pour les mâles

Jusqu'à 1 000 kg pour les mâles !

Sa robe

Les robes les plus courantes sont le bai et le rouan. L'alezan est plus rare, de même que l'aubère, le gris fer et le noir.

Son standard

- Tête petite, très souvent **camuse***, avec un œil vif et des oreilles courtes
- Encolure de longueur moyenne, puissante, souvent **rouée***
- Crinière abondante
- Garrot noyé dans la masse musculaire
- Dos droit et court, prolongé par une croupe double et massive
- Membres forts, osseux, plutôt courts

Le trait du Nord est un cheval charpenté, court, puissant, à l'ossature et à la musculature importantes.

Ses caractéristiques

Il a un gabarit très imposant. Sa force et sa vigueur font de lui un cheval de traction hors pair ! Laboureur né, il travaille très bien sur des sols lourds et récupère vite.

Son tempérament

Courageux, calme et attentif, c'est un cheval docile et donc facile à éduquer.

Son histoire

Il y a 200 ans, le trait du Nord, le trait belge, le trait néerlandais et le trait ardennais ne formaient qu'une seule et même race. Des croisements qui ont amené notre trait du Nord à changer plusieurs fois de nom au cours de l'histoire. Au XIXe siècle, les agriculteurs ont ainsi créé la race idéale pour leurs exploitations de plus en plus grandes. Également employé au fond des mines, ce cheval massif et puissant sera pourtant délaissé, dans les années 60, au profit des tracteurs. Fortement menacé à la fin du XXe siècle, il semble connaître une certaine renaissance ces dernières années.

Sa géographie

Son **berceau de race*** couvre le nord de la France. Très peu exporté, le trait du Nord reste une race menacée, avec une centaine de naissances chaque année.

Premier de la classe en...

À la fois précis, souple et énergique, il est très apprécié pour la traction animale (maraîchage, **débardage*** en forêt, travaux des champs…). Une de ses spécialités est la « conduite au cordeau », une technique d'attelage ancienne utilisant une petite cordelette à la place des guides, ce qui permet au meneur d'avoir toujours une main libre. Souvent attelée pour le loisir ou la compétition, la race est aussi utilisée pour le tourisme ou les randonnées.

L'info en +

Un centre pour la sauvegarde de la race

Depuis 2006, l'ancien centre équestre de Saint-Amand-les-Eaux (Nord) est devenu le « Pôle cheval trait du Nord ». Un équipement qui propose des formations pour les meneurs et les chevaux, la gestion de la reproduction ou des services pour l'entretien du milieu naturel. Quatre hectares sont entièrement consacrés à la race trait du Nord !

Les poneys et les petits chevaux

Le connemara

C'est le poney de sport par excellence ! Doté d'un superbe coup de saut, le connemara a su conquérir les terrains de concours en catégorie poney... et parfois même cheval !

Son standard

- Jolie petite tête aux ganaches bien définies
- Forte encolure bien arrondie
- Épaule inclinée et garrot bien marqué
- Arrière-main longue, forte et musclée
- Jarrets forts, placés bas
- Avant-bras long et fort, canons courts

Le modèle général est compact et équilibré. Ses allures sont franches et actives et couvrent beaucoup de terrain.

Sa taille & son poids

Entre 1,28 m et 1,48 m

Entre 350 et 420 kg

Sa robe

La robe la plus répandue est le gris. Mais on trouve tout de même une grande variété de couleurs (alezan, noir, bai-brun, isabelle...). Le pie n'est pas autorisé.

Ses caractéristiques

C'est un poney à la fois robuste et athlétique. Endurant et dynamique, il a des aptitudes sportives évidentes et peut convenir aux enfants et aux adultes.

Son tempérament

Pour un sportif, il a bon caractère. Hardi et confiant, il est intelligent et coopératif avec son cavalier.

Son histoire

La race s'est développée dans la région du Connemara, sur la côte ouest de l'Irlande. La présence des chevaux dans cette région remonte au IVe siècle av. J.-C. Certains prétendent qu'ils sont issus de poneys scandinaves amenés par les Vikings, d'autres que des bateaux espagnols se seraient échoués là avec, à leur bord, des chevaux andalous. À partir du XVIIIe siècle, on note beaucoup d'apports de pur-sang arabe, anglais et de hackney. Pour éviter ces croisements et garder le type originel, les éleveurs établissent le **stud-book*** de la race en 1926. Depuis, le poney connemara connaît un grand succès dans le monde entier.

Sa géographie

Ce poney est très présent dans sa région d'origine. La France est le plus gros élevage hors des frontières irlandaises. Avec environ 600 naissances chaque année, c'est la race de poney la plus dynamique du pays.

Premier de la classe en...

La discipline de prédilection du connemara est sans aucun doute l'obstacle. Il brille aussi bien en CSO, en **hunter*** qu'en concours complet. Il se distingue en compétition poney, et certains se classent même en catégorie cheval ! Polyvalent, il excelle aussi en dressage, attelage et endurance. Enfin, grâce à son bon caractère, il fait un bon petit cheval de loisir.

L'info en +

Taillé pour les paysages d'Irlande

Élevé en semi-liberté pendant des siècles, le connemara est le résultat d'une sélection naturelle dans un paysage vraiment particulier. Ce petit cheval compact et rustique est bâti pour survivre dans les pauvres herbages battus par les vents. Pour marcher dans les montagnes, il a développé un petit sabot et un pied sûr. Et pour sauter par-dessus les murets de pierres qui séparent les herbages, il s'est doté d'un joli coup de saut !

Le dartmoor et l'exmoor

Il est, avec le poney shetland, l'une des plus petites races de poneys britanniques. À la fois rustique et distingué, le dartmoor est très apprécié pour l'enseignement de l'équitation.

Son standard

- Encolure musclée, avec un toupet et une crinière abondants
- Bonne épaule, bien oblique et inclinée
- Arrière-main forte et bien musclée avec une queue attachée haut
- Jarrets bien descendus, avant-bras musclés, canons courts et solides
- Sabots durs et bien formés
- Allures carrées et énergiques
- Tête et oreilles petites

Le dartmoor est un poney tout en rondeurs, à la fois dynamique et économe en énergie. Il donne une impression de force malgré sa petite taille.

Sa taille & son poids

Entre 1,22 m et 1,27 m

Kg

Entre 300 et 400 kg

Sa robe

Elles sont toutes admises sauf le pie. Les plus courantes sont le bai, bai-brun, noir et gris. Les marques blanches ne doivent pas être trop importantes.

Ses caractéristiques

À la fois solide et distingué, c'est un poney très **porteur*.** Il a gardé la force et la rusticité de ses ancêtres, qualités renforcées par la vie en semi-liberté.

Son tempérament

Équilibré, c'est un poney intelligent et doux. Plutôt docile, il peut cependant parfois se montrer vif.

Son histoire

La race trouve ses origines dans les landes sauvages du Dartmoor, au sud-ouest de l'Angleterre. On parlait déjà du dartmoor au Xe siècle. Traditionnellement élevé en semi-liberté, ce poney a été, au fil du temps, **bâté***, attelé, monté ou utilisé pour les travaux des champs et des mines. Façonné à la fois par la sélection naturelle et par de nombreux croisements (welsh, shetland…), le dartmoor en race pure connaît un fort déclin au XXe siècle. Un phénomène dû à la mauvaise réputation des poneys sauvages, peu adaptés à l'enseignement équestre. Récemment, des éleveurs anglais ont décidé de préserver les derniers poneys sauvages de la lande. Ils sont estimés à moins de 1 000 en 2012.

Sa géographie

Originaire d'un plateau venteux et humide du sud-ouest de l'Angleterre, il est considéré dans son pays comme rare en race pure. En France, où il est élevé sur l'ensemble du territoire, on estime le **cheptel*** à environ 2 000 poneys. Il est présent partout en Europe ainsi qu'aux États-Unis.

Premier de la classe en…

À l'aise aussi bien à l'obstacle qu'en dressage, attelage ou concours complet, c'est un poney idéal pour toute la famille. Sa polyvalence en fait aussi une monture appréciée des centres équestres. Infatigable, c'est un bon randonneur.

L'info en +

Cousins… mais très différents !

Proche voisin du dartmoor, l'exmoor présente cependant quelques différences avec son cousin. Ce poney très ancien a peu changé au cours des siècles et est bien plus sauvage que le dartmoor. Très rustique, il se distingue notamment par sa robe particulière, sombre avec des zones plus claires sous le ventre, autour du nez et des yeux. Doté d'un fort caractère, il est considéré comme en voie de disparition.

Le falabella

Sélectionné pour ressembler à un tout petit cheval, le falabella ne peut pas être monté. Avec le *toy horse* et le cheval miniature américain, il fait partie de la famille étonnante des chevaux miniatures.

Son standard

- Tête fine et expressive, front large, yeux proéminents et petites oreilles droites
- Crins fournis
- Dos court et ventre mince
- Silhouette fine et musclée
- Encolure longue, fine, en col-de-cygne

La morphologie* **doit être la plus proche possible de celle d'un cheval pur-sang « en miniature ». Mais parfois les ancêtres** shetland **peuvent faire apparaître des traits plus grossiers (tête lourde, corps rond...).**

Sa taille & son poids

Moins de 76 cm | De 40 à 80 kg

Sa robe

Toutes les robes sont admises, y compris le pie et l'appaloosa. Les couleurs les plus originales sont les plus recherchées.

Ses caractéristiques

Malgré sa taille, le falabella est considéré comme un cheval miniature et non comme un poney, à cause de sa morphologie. Il est proportionnellement très puissant et a su rester rustique, capable de vivre en extérieur.

Son tempérament

Il est calme et gentil, mais sa taille fait parfois oublier sa force. Il est intelligent et espiègle au travail, pouvant parfois se révéler têtu.

Son histoire

Le falabella est originaire du nord de l'Argentine. La sélection a été commencée au milieu du XIXe siècle par la famille Falabella, propriétaire d'un gros ranch dans la région de Buenos Aires. Le croisement comprend des pur-sang anglais, des poneys shetland et une souche spéciale de criollos naturellement très petits.

À partir des années 80, la race commence à s'exporter. Aujourd'hui, c'est toujours la famille Falabella qui supervise l'élevage et le registre de la race.

Sa géographie

Le falabella reste bien ancré en Argentine, mais quelques élevages se sont récemment ouverts en Europe.

Premier de la classe en...

La plupart des chevaux miniatures sont achetés pour la compagnie. Mais attention, ils doivent être traités comme des chevaux et non comme des chiens ! Le falabella ne peut pas être monté, mais peut être attelé. Malin et drôle, il est aussi régulièrement mis en avant dans les numéros de cirque, en liberté ou aux longues rênes. Certaines associations amènent ces « chevaux de poche » rendre visite aux enfants hospitalisés.

L'info en +

Chevaux miniatures

Plusieurs éleveurs ont suivi l'exemple des Falabella avec la même idée en tête : créer un mini-cheval ! Tous les chevaux miniatures ne sont donc pas des falabellas, car si cette race est la plus connue, ce n'est pas la plus répandue. Il existe trois races reconnues : le falabella, le *toy horse* venu d'Angleterre, et le cheval miniature américain (AMH). Ce dernier se rapproche beaucoup d'un mini **pur-sang arabe**.

Le fell & le Dales

« Il n'y a rien que le fell ne puisse faire », affirme un dicton anglais ! Alerte et robuste, ce poney montagnard est très populaire en Grande-Bretagne.

Sa taille & son poids

Entre 1,32 m et 1,42 m, avec une taille idéale de 1,38 m

Autour de 400 kg

Sa robe

Elle est en général noire, bai-brun ou grise. Une étoile en tête et des balzanes sont admises aux postérieurs.

Son standard

- Tête petite, avec un front large, des naseaux bien ouverts, des oreilles petites et alertes
- Épaule solide, longue, bien oblique
- Arrière-main musclée
- Membres courts et puissants
- Sabots durs avec une corne bleuâtre caractéristique
- Crinière et queue longues, avec des crins abondants et souvent frisés
- Fanons aux poils fins et soyeux

Le fell dégage une impression de vigueur, sans lourdeur. On dit souvent de lui qu'il est un « frison miniature ».

Ses caractéristiques

Vif et agile, sa résistance et son pied sûr lui viennent des montagnes où il est né.

Son tempérament

Actif et de bonne volonté, il est fiable et agréable… même s'il a son petit caractère !

Son histoire

Le fell est originaire de la chaîne montagneuse des Pennines, en Angleterre. C'est de là que vient son nom, *fell*, signifiant « colline » en anglais. Issus de croisements entre des poneys **autochtones*** et des chevaux venus du reste de l'Europe, ses ancêtres furent surtout influencés par le galloway, cheval écossais, aujourd'hui disparu. D'abord utilisé comme bête de somme par les Romains, le fell a été tour à tour animal de **bât***, travailleur agricole, complice des contrebandiers et monture des bergers. À la fois petit et puissant, le fell servit également à l'acheminement du cuivre, du fer et du plomb. À partir des années 50, la race s'est développée grâce à l'équitation de loisir : depuis le début des années 2000, la *Fell pony society*, qui gère le **stud-book***, enregistre chaque année plus de 400 naissances.

Sa géographie

Il est principalement élevé en Angleterre, souvent en semi-liberté. Également présent en Europe, aux États-Unis et au Canada, c'est une race qui reste peu répandue.

Premier de la classe en...

Ses allures rapides et son équilibre naturel font du fell un excellent randonneur. En attelage, il est facile, grâce à sa robe, de composer de jolies paires. En Angleterre, il est également utilisé pour la chasse, la surveillance des troupeaux et les travaux forestiers légers.

L'info en +

Le dales, un « faux » cousin

Il ressemble beaucoup à son voisin (en plus grand), mais a sa propre histoire et ses propres qualités ! Également originaire des Pennines, le dales (dont le nom signifie « vallées » en gaélique) est classé comme espèce rare, en raison de ses faibles effectifs. C'est bien dommage, car son endurance, son trot puissant et son bon coup de saut mériteraient d'être davantage connus. Poney énergique et coopératif, son tempérament vif en fait une monture plutôt réservée à des cavaliers confirmés.

Le fjord

Symbole national en Norvège, son pays d'origine, le fjord est l'une des races les plus pures et les plus primitives du monde. Avec son physique si particulier, il est un cheval de loisir très apprécié.

Son standard

- Tête petite et épaisse, avec de bonnes ganaches et un bout du nez carré
- Encolure courte, robuste et musclée, légèrement **rouée***
- Cage thoracique bien éclatée
- Avant-bras large, musclé
- Crinière épaisse, généralement taillée en brosse

À l'origine, le fjord est un poney de montagne trapu et costaud. Il a évolué vers un modèle plus grand et léger, mais a gardé la puissance de ses ancêtres.

Sa taille & son poids

Entre 1,35 m et 1,50 m

Entre 400 et 500 kg

Sa robe

Elle est très typique : beige clair, avec des crins bicolores noirs et blancs. Il porte souvent des **marques primitives***.

Ses caractéristiques

C'est un poney rustique, robuste, fiable et très endurant. La vie en extérieur ne lui fait pas peur.

Son tempérament

Il est sociable, calme et gentil. Parfois accusé d'être têtu, il a en fait du tempérament. Volontaire au travail, taquin et sûr de lui, il est peut-être plus adapté aux adultes qu'aux jeunes enfants.

Son histoire

Le fjord est le descendant de petits chevaux primitifs et sauvages du nord de l'Europe, dont il a gardé le modèle, car il est resté très pur. D'abord probablement utilisé comme monture par les Vikings, le fjord devient un cheval de ferme et de travail polyvalent. Entre-temps, la race influence un grand nombre de races du Nord : islandais, highland, exmoor… et plus récemment le henson. En 1843, la Norvège crée un haras national destiné à organiser l'élevage, mais il faudra attendre les années 40 pour que la race traverse les frontières et se fasse connaître dans le monde.

Sa géographie

La zone d'élevage du fjord s'est étendue de la Norvège aux autres pays d'Europe du Nord (Suède, Finlande, Danemark, Allemagne…). La race a aussi du succès en France, avec près de 4 000 poneys et de nombreux élevages.

Premier de la classe en…

À l'origine utilisé pour les travaux agricoles, le fjord est un très bon cheval d'attelage. Il est apprécié pour son calme et ses allures vives, et grâce à sa robe, on obtient de jolis équipages homogènes. En France, c'est surtout un poney de loisir, très utilisé pour la randonnée, la voltige et le **TREC***.

L'info en +

Quel nom lui donner ?

En France, on l'appelle tout simplement fjord, en référence aux bras de mer étroits et encaissés, très typiques des paysages de Norvège. Mais en norvégien, il existe plusieurs noms pour désigner ce poney : *Fjordhest* (« cheval des fjords »), *Nordfjordhest* (« cheval des fjords du Nord ») ou encore *Vestlandshesten* (« cheval de Vestlandet »). Les Anglais, pour faire simple, l'appellent généralement *Norwegian pony* (« le poney norvégien »).

Le haflinger

Avec sa robe alezane et ses magnifiques crins blonds, il est célèbre dans le monde entier ! En plus d'être joli, le haflinger est aussi un compagnon parfait pour toute la famille.

Sa taille & son poids

La taille idéale se situe entre 1,44 m et 1,49 m

Kg

Entre 380 et 450 kg

Sa robe

Une seule robe existe : l'alezan crins lavés, dans toutes ses nuances (doré, cerise, brûlé…). Les marques blanches en tête sont courantes, pas les balzanes.

Son standard

- Tête courte et sèche, plus ou moins arabisée, avec un œil vif et de petites oreilles
- Encolure longue et bien orientée
- Membres solides, avec un pied à la corne résistante
- Crinière et queue longues, abondantes et soyeuses

Le haflinger a beaucoup changé au cours du XXe siècle, passant d'un petit poney rondouillard à un type plus sportif. Le marquage de la race est un H entouré d'une fleur d'edelweiss.

Ses caractéristiques

Sa taille lui permet d'être monté par des enfants et des adultes. Réputé pour son pied sûr et son souffle, il est à l'aise en altitude.

Son tempérament

Affectueux, il est calme et régulier. Mais attention, il reste puissant, parfois un peu têtu, et nécessite donc une bonne éducation !

Son histoire

En 1874, dans la région du Tyrol, le village autrichien de Hafling voit naître un poulain nommé Folie, issu d'un étalon arabe et d'une jument locale. En visite dans la région, l'empereur d'Autriche-Hongrie est séduit par ce cheval magnifique. Il le rebaptise Folie 249 et le nomme fondateur de la race de Hafling ! L'étalon décède en 1897 et laisse derrière lui un unique fils agréé, Folie 14, qui meurt la même année ! Une recherche permet de retrouver les meilleurs mâles et la race est officiellement reconnue en 1898. Après la Première Guerre mondiale, une branche de la race se développe en Italie, sous le nom d'*avelignese*. Au XXe siècle, la race réussi à rester homogène, offrant un poney de loisir apprécié.

Sa géographie

Originaire des montagnes autrichiennes, le haflinger est aujourd'hui présent dans le monde entier et plus particulièrement en Allemagne et en Suisse. En France, la race compte environ 400 naissances par an.

Premier de la classe en...

Randonneur accompli, le haflinger se montre endurant et fiable. Pony-games, obstacle, voltige... rien ne lui fait peur ! C'est en attelage qu'il se plaît le plus. Utilisé en **équithérapie*** ou pour la production de lait de jument, c'est un poney familial et vraiment polyvalent !

L'info en +

Une jument mondialement célèbre !

Prometea est une jument qui a beaucoup fait parler d'elle ! Née le 28 mai 2003, cette petite haflinger a été le premier cheval cloné au monde. Issue d'une cellule de peau de sa mère, son évolution et sa naissance ont été suivies par des scientifiques italiens. En 2008, Prometea a donné elle-même naissance à un poulain nommé Pegaso, petit d'un étalon haflinger.

Le highland

Poney des hautes terres d'Écosse, le highland est encore peu connu en France. Proche de son cousin le fjord, c'est un petit cheval costaud au grand cœur, très adapté à l'équitation de loisir.

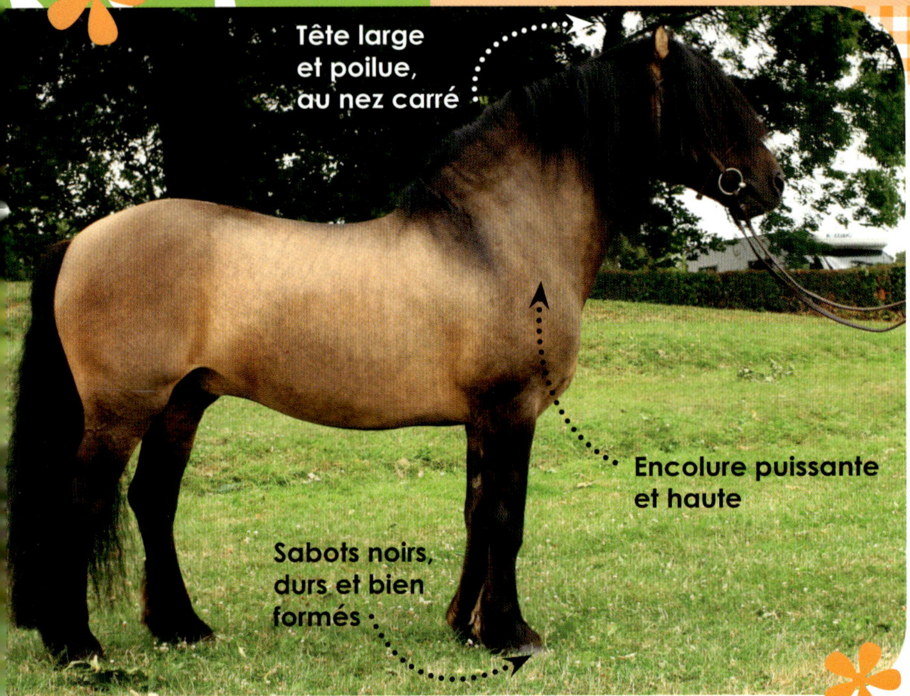

Sa taille & son poids

Entre 1,32 m et 1,48 m

Entre 400 et 500 kg

Sa robe

Les robes les plus répandues sont le gris souris et l'isabelle, avec raie de mulet et zébrures sur les membres. Le bai, le noir et le gris sont aussi acceptés. Le pie n'est pas autorisé.

Ses caractéristiques

Façonné par la vie en semi-liberté, c'est un poney rustique au pied sûr. Renommé pour sa force et sa résistance, il est agile et très **porteur***.

Son tempérament

Gentil, docile et paisible, il est réputé pour être un compagnon doux, amical et généreux. Il est doté d'une bonne intelligence et apprend facilement et rapidement.

Son standard

- Tête large et poilue, au nez carré
- Encolure puissante et haute
- Toupet très fourni
- Corps compact
- Cuisse bien descendue, forte et musclée
- Sabots noirs, durs et bien formés

Ce poney fort et puissant possède des allures franches, droites et libres.

Son histoire

Le highland est issu des hautes terres d'Écosse et des îles de l'ouest du pays. Descendant des poneys celtiques, il a gardé un aspect assez primitif, proche du tarpan. Longtemps, il est resté isolé dans son pays d'origine. Monture des bergers, animal de **bât*** pour les fermiers, compagnon des nobles pour la chasse au cerf : le highland a surtout été un poney de travail et d'utilité. Au cours des siècles, il a reçu tour à tour du sang percheron, espagnol, arabe et clydesdale. Mais les croisements ne sont désormais plus autorisés au sein de la race. Doucement exporté à l'étranger à partir des années 60, c'est une race rare (on compte seulement 5 000 individus) et peu répandue dans le monde.

Sa géographie

Son pays d'origine reste l'Écosse, avec quelques populations sur les îles Orcades et Hébrides. En France, on trouve une plus grande concentration d'élevages en Bretagne.

Premier de la classe en...

C'est un bon cheval de selle, adaptable et polyvalent. Grâce à son tempérament et sa **morphologie***, il convient bien aux centres équestres, aux centres de randonnée ou pour l'**équithérapie***. Avec ses allures souples et son équilibre naturel, on dit aussi de lui qu'il a de belles capacités en dressage et en attelage.

L'info en +

Surveille son poids !

Comme beaucoup de poneys et chevaux du nord de l'Europe, le highland a été forgé par un environnement difficile et une herbe rase et pauvre. Il est très rustique et se contente de peu... Ainsi, lorsqu'il arrive dans les très riches prairies de nos régions, ce poney a tendance à souffrir d'embonpoint et risque la fourbure ! Alors si jamais tu le choisis comme compagnon, surveille bien son alimentation.

Le landais

Il représente aujourd'hui la seule race équine du département des Landes. Issu de deux souches locales, habitué à vivre en semi-liberté, le landais reste considéré comme une race menacée de disparition.

Son standard

- Tête fine et sèche, mais large au niveau des yeux
- Encolure bien orientée
- Épaule oblique
- Poitrail ouvert
- Dos **porteur***, avec une croupe simple
- Membres secs
- Queue et crinière bien fournies

C'est un poney harmonieux, avec des traits fins. On le qualifie d'ailleurs souvent de « pur-sang arabe miniature ».

Sa taille & son poids

Entre 1,18 m et 1,48 m

Entre 250 et 300 kg

Sa robe

Les robes admises sont le noir, le bai, le bai-brun, l'alezan et le « chocolat ». Les balzanes et autres marques en tête sont autorisées.

Ses caractéristiques

Réputé pour son endurance et son agilité, il est habitué à vivre en extérieur et à se contenter de peu.

Son tempérament

Entre douceur et vivacité, le landais possède un bon caractère, mais également beaucoup d'énergie.

Son histoire

Originaire des Landes, le poney landais est probablement issu du tarpan des steppes, avec un apport plus récent de sang arabe et espagnol. Deux souches se sont développées dans la région au fil des siècles : le poney de la lande ou poney des pins (le long du littoral), et le poney des barthes ou poney barthais (les barthes étant des prairies inondables dans le sud des Landes). Vivant à l'état semi-sauvage et utilisée pour les travaux de la ferme jusqu'au XXe siècle, cette population a beaucoup souffert de l'apparition de la voiture. Finalement, seul le poney barthais a survécu, sauvé par des éleveurs passionnés, et rebaptisé plus tard poney landais.

Sa géographie

Le **berceau de la race*** se situe dans le département des Landes et c'est surtout dans le sud-ouest et dans le centre de la France qu'on trouve le landais. La race reste menacée.

Premier de la classe en...

Franc et régulier dans ses allures, il est aussi performant à l'obstacle qu'en dressage ou en complet. C'est un excellent partenaire pour les enfants, y compris en compétition. Il se montre aussi doué pour la randonnée et l'attelage... qu'il pratique d'ailleurs sur les hippodromes.

L'info en +

Un pro du trot !

Devenu discipline officielle de la **FFE*** depuis 2008, le trot attelé pour poney est vraiment le « dada » du landais ! Il s'agit de courses (sur de vrais hippodromes !) réservées aux poneys de 1,20 à 1,40 m et aux jeunes *drivers* de 7 à 15 ans. Sélectionné depuis longtemps pour ses allures rapides et son dynamisme, le petit landais est un poney parfait pour ce genre de compétition. Jongleur, champion de France d'attelage à un poney en 1981 et 1982, a ainsi parcouru en 1985 100 kilomètres en 6 heures 22 minutes, soit une moyenne de 15 km/h !

Le New-forest

À l'origine poney rustique des forêts anglaises, le new-forest a gagné ses galons comme poney de sport. D'un modèle solide et d'un excellent caractère, il est présent aux plus hauts niveaux de compétition.

Sa taille & son poids

Entre 1,20 m et 1,48 m

Entre 350 et 500 kg

Sa robe

Les robes les plus courantes sont le bai et le bai-brun, mais toutes les robes de base sont autorisées. Le pie et le crème aux yeux bleus ne sont pas acceptés.

Ses caractéristiques

C'est un poney solide et fort, mais qui reste élégant.
Il possède des allures actives et agréables. Il peut être monté par des adolescents et des adultes légers.

Son tempérament

Il est réputé pour être docile, volontaire et intelligent. Il est peu impressionnable et plutôt sociable, ce qui en fait un poney parfait pour les enfants.

Son standard

- Tête distinguée, au profil rectiligne
- Encolure longue et bien greffée
- Épaule longue et oblique
- Arrière-main solide
- Membres droits aux articulations plates mais marquées
- Petits pieds arrondis

Il existe deux types au sein de la race, le forest pony, rustique, qui vit encore à l'état semi-sauvage et le stud pony, qui est la lignée de sport.

Son histoire

Le new-forest vient d'une grande zone boisée du sud de l'Angleterre, qui fut longtemps le terrain de chasse des rois, baptisée « Nouvelle Forêt ». L'origine de ce poney est très lointaine, puisque ses ancêtres ont apparemment côtoyé les hommes préhistoriques à l'âge glaciaire. Petit cheval rustique proche du pottok, il a été croisé avec de nombreuses races, qui lui ont donné de la taille et du sang. La race est officiellement créée en 1910. Suite à la Seconde Guerre mondiale, le new-forest sort des fermes et des mines de charbon pour prendre ses marques dans les clubs et les terrains de concours.

Sa géographie

Le new-forest continue d'être élevé dans sa région d'origine, mais aussi dans toute l'Angleterre, en Europe, en Amérique du Nord et en Australie. En France, la race est très populaire mais souvent utilisée en croisement pour le PFS.

Premier de la classe en...

Le new-forest a particulièrement fait ses preuves en CSO, où il brille du niveau club au niveau international. Polyvalent, il est populaire dans tous les sports équestres où il faut vigueur et mental : attelage en paire, polo, dressage, concours complet, pony-games... Évidemment, il fait aussi un excellent petit cheval de club.

L'info en +

Le poney sauvage des forêts

Plusieurs milliers de poneys new-forest vivent toute l'année en semi-liberté dans le parc national de New Forest. On en rencontre souvent lorsque l'on part se promener dans le parc. Chaque propriétaire paye un droit de pâture et marque ses animaux avant de les relâcher dans les immenses forêts. À l'automne, un grand rassemblement permet de sevrer puis de vendre une partie des poulains, mais aussi de réaliser des soins sur les adultes.

Le poney français de selle

Appelé aussi PFS, il est le champion des terrains de concours ! Sportif accompli, le poney français de selle brille dans de nombreuses disciplines, en France comme à l'étranger.

Sa taille & son poids

Entre 1,25 m et 1,48 m

Kg

Entre 350 et 400 kg

Sa robe

Toutes les couleurs sont possibles.

Ses caractéristiques

Chic, expressif et souple, il peut convenir à de nombreux cavaliers. Sa légèreté et son énergie en font un excellent compétiteur.

Son tempérament

Il a bon caractère et beaucoup de volonté. Adapté aussi bien aux enfants qu'aux adultes, il peut cependant se montrer vif.

Son standard

- Chanfrein rectiligne ou légèrement **convexe***
- Poitrine large
- Bonne épaule
- Garrot bien sorti
- Dos solide
- Aplombs réguliers
- Bon équilibre
- Allures amples et franches

Le standard du PFS est très large, ce qui veut dire que les poneys peuvent avoir des morphologies* **très différentes. Dans tous les cas, il doit plutôt ressembler à un petit cheval qu'à un poney.**

Son histoire

Le poney français de selle est né dans les années 70, à partir de croisements entre des ponettes françaises et des étalons de race étrangère. L'objectif des éleveurs était d'en faire un vrai poney de sport pour la compétition de haut niveau. Créé en 1972, le **stud-book*** du poney de croisement (rebaptisé poney français de selle en 1991) autorise aujourd'hui de nombreux mariages entre races (pur-sang arabe, connemara, PFS, new-forest, welsh, dartmoor, pottok et d'autres poneys étrangers pouvant apporter leurs qualités sportives à la race...). Un bon exemple pour illustrer les qualités du PFS est le bel étalon Orient Express HDC, qui enchaîne les victoires avec le cavalier français Patrice Delaveau !

Sa géographie

C'est surtout dans le nord-ouest de la France qu'il est élevé, mais il est présent partout dans le pays, et de plus en plus à l'étranger, où il est destiné à la compétition de haut niveau.

Premier de la classe en...

Ses points forts sont l'obstacle et le concours complet. On le retrouve aussi dans d'autres disciplines sportives, comme le dressage, l'attelage ou l'endurance. Dans les centres équestres, c'est un bon professeur pour les jeunes cavaliers.

L'info en +

Un petit tour au Sologn'Pony

Chaque année au mois d'août, les meilleurs poneys de sport se donnent rendez-vous au Sologn'Pony, à Lamotte-Beuvron. C'est l'occasion d'admirer, pendant quatre jours, des centaines de PFS, du poulain plein de promesses jusqu'aux meilleurs compétiteurs !

Le POTTOK

Le pottok est un petit cheval typique du Pays basque, dans les Pyrénées. Très ancien, il ressemble aux chevaux préhistoriques dessinés dans les grottes de la région.

Sa Taille & Son Poids

Entre 1,15 m et 1,47 m

Kg

Moins de 400 kg

Sa Robe

Elle est le plus souvent pie. On trouve aussi les robes simples : bai, alezan et noir.

Son Standard

- Tête rectiligne, légèrement **concave*** au niveau des yeux
- Oreilles hautes et droites
- Crinière abondante se prolongeant sur le garrot
- Encolure plutôt courte
- Dos et rein longs
- Croupe simple, courte et avalée
- Fanons peu abondants

On distingue le pottok de montagne, plus petit et élevé traditionnellement en troupeau, et le pottok de prairie, élevé hors berceau, destiné aux sports et au loisir.

Ses caractéristiques

Le pottok de montagne est plutôt primitif, rustique et endurant. Il a l'habitude de vivre en semi-liberté et d'être très autonome.

Son tempérament

C'est un poney vif et généreux au travail. Docile et attentif à son cavalier, on le dit proche de l'homme et patient.

Son histoire

Installé depuis des millénaires au Pays basque, le pottok a survécu à plusieurs glaciations dans les Pyrénées en conservant son modèle primitif. Pour preuve : on trouve des dessins préhistoriques de petits chevaux très similaires dans les grottes de la région. Au fil des siècles, les Basques ont apprivoisé le pottok et décidé de l'utiliser pour les travaux agricoles. Au XIXe siècle, beaucoup furent envoyés dans les mines de charbon du nord et l'est de la France. Les chevaux à la robe pie furent plus souvent vendus à des cirques, et peu à peu, à des centres équestres. L'Association nationale du pottok est créée en 1970, et la tradition de l'élevage en semi-liberté dans les montagnes perdure encore aujourd'hui.

Sa géographie

La plupart des élevages se situent dans les Pyrénées, et essentiellement au Pays basque. La race est emblématique de la région mais s'est très peu répandue au-delà.

Premier de la classe en...

Son pied sûr le rend idéal pour la randonnée ou le **bât***, en particulier en zone de montagne, et performant en **TREC***. Le pottok a aussi de la ressource en sport (concours complet, dressage, endurance...). De nombreux poneys pottok sont champions de France en attelage !

L'info en +

Un poney dans la culture

En langue basque, pottok signifie « petit cheval » et se prononce *pottiok*. Au pluriel, on dit *pottokak*. On raconte que ce petit cheval a inspiré musiciens et conteurs du pays. D'ailleurs, il existe un instrument basque appelé txalaparta, composé de planches de bois que l'on martèle avec des pilons : le son ressemble au bruit des sabots qui frappent la terre. Dans les légendes locales, le poney pottok occupe une place importante : il est souvent l'incarnation sur terre de génies souterrains.

Le Shetland

Ses origines écossaises en font l'un des poneys les plus petits et les plus costauds du monde. Mais c'est surtout la star des poney-clubs, et la première monture de nombreux enfants.

Son standard

- Petite tête bien attachée au front large
- Œil vif et naseaux larges
- Encolure musclée et massive
- Dos court, rein puissant et large
- Crinière, toupet et queue épais et fournis
- Membres courts et puissants
- Pieds ronds, à la corne dure et résistante

Le poney shetland existe en trois tailles : le « mini » en dessous de 86 cm au garrot, l'« intermédiaire » entre 86 et 95 cm, et le « shetland grande taille » allant jusqu'à 1,07 m.

Sa taille & son poids

1,07 m au maximum

Entre 150 et 180 kg

Sa robe

Elles sont toutes admises sauf les robes tachetées type appaloosa.

Ses caractéristiques

Sa petite taille est d'origine naturelle. C'est pour survivre au climat froid et venteux des îles Shetland que ce poney s'est « mis en boule » : il est devenu petit, compact, rond et hirsute.

Son tempérament

Le shetland est réputé pour être malin, gentil et sociable. Patient et intelligent, il peut parfois être têtu et coquin. Docile et brave, il reste enjoué, facile à vivre et tolérant.

Son histoire

Ce poney vient des Shetland, archipel très isolé du nord de l'Écosse, où il est présent depuis l'Âge de bronze. La race est restée très protégée et a évolué naturellement, mais on envisage la possibilité de croisements avec des poneys norvégiens, celtes et peut-être même de l'arabe. À la fin du XIXe siècle, le poney shetland devient renommé dans toute l'Angleterre : capable de tracter jusqu'à deux fois son poids et de se faufiler dans des tunnels étroits, il est recherché pour tirer les chariots dans les mines de charbon. Le **stud-book*** est créé en 1890 pour préserver les qualités d'origine. À la fin du XXe siècle, alors que les dernières mines ferment, le développement des poney-clubs offre heureusement au poney shetland d'autres débouchés.

Sa géographie

Originaire d'Écosse, il est désormais élevé partout dans le monde. En France, l'élevage est concentré dans les régions Normandie, Centre et Auvergne, et est en constante progression.

Premier de la classe en…

Le shetland est un formidable poney de compagnie. Sa taille et son tempérament mettent en confiance et il est très souvent utilisé comme monture de club. Polyvalent, il peut emmener les plus jeunes sur des parcours de cross et d'obstacles, jouer à des jeux, pratiquer du *barrel race* ou des pony-games. Les adultes apprécient la race pour l'attelage, le travail aux longues rênes et de plus en plus pour le spectacle.

L'info en +

Son cousin d'Amérique

Aux États-Unis, il existe une race de poney à part, le shetland américain. Issu de poneys shetland importés sur le continent depuis 1885, il a beaucoup été croisé, notamment avec des poneys **hackney** et **welsh**. Plus fin, plus haut et doté d'allures relevées, ce « cousin d'Amérique » s'est énormément éloigné du shetland écossais.

Le welsh

Originaires du Pays de Galles, les welshes sont issus d'une seule et même race mais se divisent en quatre sections. Une excellente manière de s'adapter aux différents niveaux et âges de leurs cavaliers !

Leur taille

Welsh A : maximum 1,22 m
Welsh B et welsh C : entre 1,22 m et 1,37 m
Welsh D : minimum 1,37 m

Leurs robes

Elles sont toutes admises, sauf le pie. Le welsh A est souvent gris.

Le standard du welsh A

- Tête petite, surmontée de courtes oreilles bien pointées, avec de grands yeux francs
- Front large, avec un chanfrein **concave*** ou « creux », mais jamais **convexe*** ou trop droit
- Longue encolure, sortie d'une épaule bien inclinée
- Membres d'aplomb, avec de bons os plats
- Sabots ronds et durs
- Queue attachée haut et portée gaiement
- Allures droites, franches, libres et rapides

Malgré sa petite taille, il est porteur* **et énergique.**
Très distingué, il est parfois comparé au pur-sang arabe.

Son histoire

C'est en pays de Galles que l'on retrouve les origines du welsh (qui signifie « gallois » en anglais), notamment du plus ancien, le welsh A. Le B, le C et le D sont ses descendants directs, élevés eux aussi en extérieur, ce qui en a fait des poneys résistants. On retrouve des traces de la race à l'époque de Jules César, mais un événement va bouleverser son évolution : au XVIe siècle, Henri VIII fait abattre toutes les juments de moins de 1,32 m, considérées comme inutiles pour la guerre. Réfugiés dans les montagnes galloises, les poneys réussissent à survivre et se développent malgré de rudes conditions de vie. Influencés par un apport de sang arabe et barbe, ils vont peu à peu acquérir leurs caractéristiques actuelles. Tandis que les plus petits sont utilisés au fond des mines ou pour les travaux fermiers, les plus grands accompagnent les seigneurs au combat ou les bergers gallois pour la surveillance des troupeaux.
Le **stud-book*** de la race a été créé en 1902.

Leur géographie

Originaires du pays de Galles, c'est toujours au Royaume-Uni qu'ils sont les plus présents. En France, ils sont surtout élevés dans l'Ouest et le centre. Très utilisés comme **améliorateurs de races***, ils comptent environ 300 naissances en race pure par an.
Les welshes A et B sont les plus représentés dans l'Hexagone. La race est également exportée vers l'Europe, les États-Unis, la Nouvelle-Zélande et l'Australie.

L'info en +

Un cinquième compère...

Appelé welsh K en France, le welsh part bred (de son vrai nom) est un poney ou cheval possédant au minimum 12,5 % de sang welsh. Ces croisements permettent d'associer les qualités du welsh avec celles d'autres poneys, et d'obtenir des individus de multiples tailles ou couleurs. Le livre généalogique du stud-book du welsh K est ouvert depuis 2009.

S'ils sont frères de sang, les quatre welshes n'ont pas tout à fait la même morphologie*. Ainsi, le welsh B, avec sa tête ciselée et expressive, est considéré comme le plus élégant. Le welsh C, de la même taille, est plus puissant et se distingue par ses allures relevées.

Le standard du welsh D

- Tête distinguée, avec des yeux audacieux et protubérants
- Front large, avec de petites oreilles bien attachées
- Corps puissant
- Membres solides, avec des articulations « inusables »
- Allures droites, libres et énergiques

Le welsh D présente une morphologie originale, alliant le corps charpenté d'un cheval et la tête ronde d'un poney !

Leurs caractéristiques

Rustiques et **porteurs***, les welshes sont des poneys élégants avec de belles allures. Le C et le D sont les plus puissants, tandis que le B ressemble davantage à un poney de sport.

Leur tempérament

Vifs et intelligents, les welshes sont courageux et volontaires, ce qui en fait de bons compétiteurs. Parfois imprévisibles (notamment le plus petit, le welsh A), ils conviennent aux enfants comme aux adultes. Leur caractère bien trempé implique cependant de ne pas les confier à n'importe qui !

Premier de la classe en...

Quelle que soit leur taille, les welshes montrent la même polyvalence, autant à l'aise en loisir qu'en compétition. Concours complet, saut d'obstacles, dressage, *pony-games*... ils sont capables de tout faire, avec un goût particulier pour l'attelage, où leurs allures relevées et leur force sont appréciées. Seul le welsh A est un peu pénalisé par sa petite taille, mais c'est un bon poney pour les enfants et peut très bien être attelé par des adultes.

L'info en +

Des noms à retenir

Pour reconnaître et nommer les différentes sections, il existe deux solutions : le welsh A est en fait le welsh mountain pony, le B est le welsh pony, le C s'appelle également le welsh pony cob et le D est le welsh cob.

Les Races exotiques

Le criollo

Le criollo est la monture traditionnelle des *gauchos*, ces cow-boys d'Amérique du Sud. Petit cheval de travail rustique, robuste et endurant, il a de grandes qualités comme cheval de loisir.

Son standard

- Tête courte au profil rectiligne ou **convexe***
- Encolure musclée et légèrement convexe
- Épaule longue et inclinée
- Ligne du dos courte et droite
- Croupe oblique, bien musclée et arrondie
- Membres courts et solides aux paturons courts

En Amérique du Sud, on surnomme facilement « criollo » tout cheval local, peu importent ses origines et son modèle. Mais attention, les vrais criollos inscrits au stud-book* **ont un standard bien défini et doivent passer devant des juges de la race.**

Sa taille & son poids

Entre 1,38 m et 1,48 m

Kg

Environ 450 kg

Sa robe

Les Argentins décrivent une centaine de robes différentes. Les préférées sont le gris souris et l'isabelle avec une raie de mulet, et le pie « sabino » (cheval moucheté de blanc par le dessous).

Ses caractéristiques

C'est un cheval de travail, à la fois fin et calme, docile et vif. Il est agile, rustique et endurant.

Son tempérament

Il est calme et généreux, et supporte bien la pression sans monter en nervosité. Indépendant, il a malgré tout du caractère, et a besoin d'un cavalier déterminé.

Son histoire

Les ancêtres du criollo sont les chevaux des conquistadors espagnols, retournés à l'état sauvage dans les grandes plaines d'Argentine dès le XVIe siècle. Avec du sang espagnol, lusitanien et barbe, ce petit « mustang » de l'hémisphère Sud est sélectionné naturellement par les conditions de vie difficile. Il est peu aimé des cavaliers locaux, qui préfèrent les chevaux européens. Finalement, un éleveur argentin, le Dr Solanet, le repère comme souche d'une race de travail robuste et endurante et crée le **stud-book*** de la race en 1918. Aujourd'hui encore, ses descendants élèvent des criollos dans l'*hacienda* familiale.

Sa géographie

L'Argentine est le **berceau de la race***, mais le criollo se retrouve en nombre dans les pays voisins : Uruguay, Brésil, Chili, Cuba... En Europe, on en trouve encore très peu, il n'y a qu'une poignée d'élevages en France.

Premier de la classe en...

Le criollo est l'élite du cheval de travail en Amérique du Sud. Il est l'équivalent du quarter horse là-bas, et est utilisé pour le travail du bétail, les déplacements des éleveurs dans la pampa, la randonnée, etc. Très apprécié en équitation western, le criollo possède en outre de bonnes aptitudes pour le polo.

L'info en +

Gato et Mancha, les voyageurs

Gato et Mancha sont deux chevaux criollos qui ont accompagné l'écrivain et aventurier suisse Aimé-Félix Tschiffely dans un très long voyage à cheval. En trois ans, ils ont parcouru 16 000 km, entre Buenos Aires, en Argentine, et Washington, aux États-Unis ! Une aventure dangereuse réalisée dans les années 20, qui heureusement, s'est bien terminée. Mancha, le bai, et Gato, le pie, sont revenus en Argentine où ils sont devenus des légendes de la race criollo.

Le curly

Outre son poil frisé, le curly a une autre particularité : il est le seul cheval hypoallergénique et donc adapté aux personnes souffrant d'allergie au cheval.

Sa taille & son poids

Entre 1,45 m et 1,60 m

Kg

Autour de 500 kg

Sa robe

Toutes les couleurs sont admises, ainsi que les marques blanches ou primitives.

Ses caractéristiques

Très rustique, c'est un cheval robuste, avec une bonne capacité de récupération.

Son tempérament

Naturellement calme et patient, il se montre cependant tonique et toujours attentif. Curieux et attachant, il recherche la présence humaine.

Son standard

- Tête bien proportionnée avec de grands yeux en amande
- Corps bien charpenté
- Épaules puissantes et arrondies
- Dos court et musclé
- Croupe ronde et charnue
- Sabots ronds avec une corne très dense
- Poils et crins frisés avec des boucles prononcées

Particulièrement adapté aux températures très basses, le curly est doté d'un sous-poil laineux, d'une peau épaisse, d'une généreuse couche de graisse et de petits naseaux qui ne laissent pas entrer le froid.

Son histoire

C'est au début des années 1800, sur le continent américain, que l'on trouve les premières traces des curlies. Les Indiens sioux et crows, qui le représentent sur leurs dessins, le considèrent comme un cheval magique réservé aux sorciers. Les fermiers américains ne s'intéressent pas à ces chevaux, jusqu'à ce que la famille Damele, dans le Nevada, en capture trois. Lors d'un hiver très rude, en 1932, seuls les curlies de leur élevage résistèrent au froid. La rusticité et le bon caractère des chevaux incitent la famille à se lancer dans l'élevage de curlies. Un premier **stud-book*** est ouvert en 1971. Aujourd'hui, le curly est reconnu aux États-Unis sous le nom de *North american curly horse*.

Sa géographie

Originaire des États-Unis, c'est toujours là-bas qu'il est le plus présent. La race compte environ 4 000 représentants à travers le monde et reste rare. Depuis 2011, le curly est reconnu en France, par le biais d'une convention passée avec l'**IFCE*.**

Premier de la classe en...

Apte à pratiquer de nombreuses disciplines, il s'adapte à son cavalier. Du dressage à la randonnée en passant par la voltige, l'obstacle, l'attelage ou l'équitation western : il est capable de (pratiquement) tout faire ! Certains éleveurs utilisent même son poil pour tricoter des vêtements chauds.

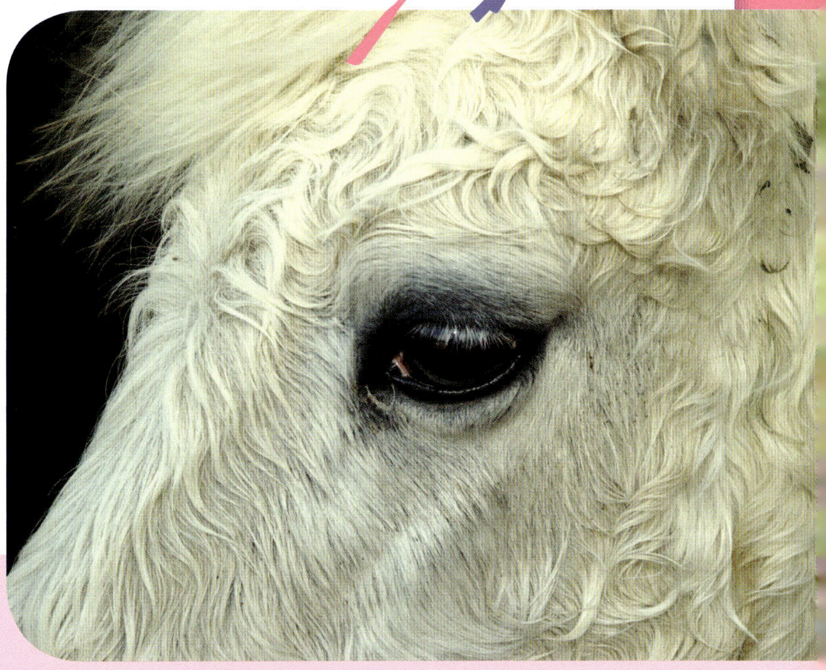

L'info en +

Une peau et un poil très particuliers !

Le curly est une race… mais aussi un **gène***. Une caractéristique propre au curly, qui le rend hypoallergénique, donc moins susceptible de provoquer des allergies. Être en contact avec un curly pourrait même vacciner les personnes allergiques aux chevaux et leur permettre d'approcher d'autres races ! Contrairement à ce que l'on pourrait croire, ce n'est pas le poil frisé (qui peut d'ailleurs être raide) du curly qui est hypoallergénique. C'est en réalité sa peau, très différente de celle des autres chevaux. Des recherches scientifiques sont en cours à ce sujet…

Le garrano

Originaire du Portugal, le garrano vit toujours en semi-liberté dans les régions montagneuses où il est né. Longtemps menacée d'extinction, la race est aujourd'hui protégée.

Sa taille & son poids

Entre 1,23 m et 1,35 m

Environ 250 kg

Sa robe

Elle est baie, parfois foncée, plus claire près des naseaux, ainsi que sur le ventre et les membres. Il n'y a en général aucune marque blanche (certaines sont tolérées, comme les en-têtes).

Ses caractéristiques

Très rustique, il s'adapte facilement aux obstacles naturels mais se méfie des autres espèces, l'homme y compris.

Son tempérament

De caractère plutôt sauvage et farouche à l'origine, le garrano devient après le débourrage un poney facile à manipuler.

Son standard

- Tête fine avec un profil droit, parfois **concave***
- Ganaches très développées avec des dents spécifiques et des lèvres épaisses
- Encolure bien dirigée et musclée, courte et épaisse
- Garrot bas avec un dos droit
- Sabots cylindriques
- Membres courts et solides aux paturons courts

C'est un poney trapu, aux os solides. Ses allures sont rapides et de petite amplitude mais relevées. L'épaule et la cuisse droites sont marquées au fer rouge.

Son histoire

Classé parmi les poneys celtiques, l'apparition du garrano remonterait à l'ère quaternaire, durant laquelle l'homme est apparu. Probable ancêtre du pure race espagnole et du poney de Galice, il correspond, pour certains spécialistes, aux peintures rupestres du sud de la France. Capable de s'adapter au milieu difficile dans lequel il est né, le garrano a longtemps été utilisé par les paysans comme bête de somme. C'est dans les années 70 qu'a été mis en place le premier plan de conservation pour soutenir la race, avec la création d'un livre généalogique en 1993. Depuis, l'élevage local se porte mieux et les poneys sont identifiés et marqués, même s'ils continuent à vivre en montagne.

Sa géographie

Le **berceau de la race*** se trouve dans la région du Minho, au nord-ouest du Portugal. La race est surtout présente dans le parc national de Peneda Gerês, massif montagneux du nord du pays. La France est l'un des rares pays d'Europe à posséder des garranos, introduits au début des années 2000.

Premier de la classe en...

Il est apprécié, sous la selle et **bâté***, sur les chemins de montagne et pour les travaux agricoles légers. Il s'adapte aussi très bien à l'équitation classique portugaise ou à l'attelage. Sa spécialité réside dans les courses traditionnelles portugaises de *passo travado*.

L'info en +

Des courses de pays pour les garranos

Passo travado signifie littéralement « pas freiné ». C'est une allure qui se situe entre le pas et le trot, confortable et rapide. Autrefois, elle permettait aux paysans de parcourir de grandes distances dans les régions montagneuses. Aujourd'hui, des courses de pays sont toujours organisées au Portugal, où elles sont très populaires et se pratiquent majoritairement avec des garranos.

Le hackney

Lorsqu'il trotte, on a l'impression qu'il vole ! Connu pour son trot très surprenant, le hackney a une autre particularité : il peut être à la fois cheval et poney.

Sa taille & son poids

Environ 1,50 m

Autour de 350 kg

Sa robe

Elle peut être alezan, alezan brûlé, baie ou noire, parfois aubère.

Son standard

- Tête harmonieuse et fine, au profil rectiligne ou légèrement **convexe***
- Oreilles plutôt petites avec un dessin élégant
- Port de tête altier, sur une encolure courbée et musclée
- Garrot saillant
- Thorax large et profond
- Croupe ronde
- Membres forts et droits, avec des petits pieds bien ronds
- Queue portée haute

Ses allures sont naturellement très relevées et très énergiques au niveau des antérieurs !

Ses caractéristiques

Robuste et élégant à la fois, c'est un cheval très endurant. Il est surtout reconnaissable à son trot si particulier.

Son tempérament

Fier et actif, c'est un cheval très vif, sans être cependant trop nerveux. Il n'est pourtant pas à confier à toutes les mains.

Son histoire

Originaire d'Angleterre, son nom viendrait de la ville d'Hackney, dans le comté de Londres. Une autre théorie affirme que le mot anglais *hackney* était utilisé au Moyen Âge pour désigner les chevaux de selle. Quoi qu'il en soit, c'est en croisant des trotteurs norfolk avec d'autres races que le hackney est né au XVIIIe siècle. Réputé pour ses allures pleines de panache, le bel Anglais a longtemps été utilisé à l'attelage de luxe, pour transporter des gens aisés, fiers de la prestance de leur animal ! Aujourd'hui, son trot prestigieux est toujours admiré en attelage ou dans les exhibitions populaires, notamment aux États-Unis. Si cette allure est en partie héréditaire, elle s'améliore avec de l'entraînement… qui peut parfois être brutal.

Sa géographie

Originaire du Norfolk et du Yorkshire, en Angleterre, le hackney a été importé par les États-Unis à partir du XIXe siècle. La race y est aujourd'hui très représentée et est toujours présente en Angleterre. En France, elle est peu connue.

Premier de la classe en…

Peu confortable en raison de son trot très relevé, il est plutôt attelé que monté. Il est notamment très apprécié pour le **show***, où ses allures brillantes attirent de nombreux spectateurs !

L'info en +

Deux en un !

Si le hackney est à l'origine un cheval, il existe aussi en modèle poney ! C'est en croisant des poneys fell et welsh avec des hackneys que le poney du même nom est né, au milieu du XIXe siècle. Possédant les caractéristiques d'un vrai poney (et non d'un cheval miniature), il doit faire moins de 1,47 m au garrot et se répartit dans plusieurs catégories (vitesse, attelage à quatre, exhibition en main…). Exporté aux États-Unis au XIXe siècle, il y rencontre toujours beaucoup de succès, notamment dans les shows de présentation.

Le kabardin

Né dans les plus hautes montagnes d'Europe, le kabardin (à prononcer « kabardine ») est souvent appelé le « 4 x 4 du Caucase ». Un surnom qui lui vient de ses incroyables aptitudes physiques.

Son standard

- Tête de taille moyenne, avec un profil droit à **convexe***, des oreilles longues et très agiles
- Dos de longueur moyenne, avec une croupe légèrement inclinée et bien musclée
- Membres larges, secs et droits, avec des postérieurs en forme de sabre
- Pieds durs
- Encolure bien musclée
- Corps assez corpulent

Avec son pas régulier et ses petits galops aisés, le kabardin donne une impression de légèreté et d'équilibre.

Sa taille & son poids

Entre 1,53 m et 1,55 m

Environ 500 kg

Sa robe

Elle est souvent baie, baie foncée ou noire, sans taches blanches. Elle peut être grise, mais très rarement.

Ses caractéristiques

Particulièrement rustique et résistant, c'est un cheval avec une endurance légendaire, réputé pour ne pas faire d'écart en randonnée !

Son tempérament

Indépendant et curieux, il a plutôt tendance, en cas de danger, à analyser la situation. Quand il accorde sa confiance à son cavalier, il devient un partenaire très fiable.

Son histoire

Né de croisements entre des chevaux mongols, persans, arabes et caucasiens, le kabardin partage depuis toujours la vie des Tcherkesses, qui l'appellent *che* (« petit frère »). Ce peuple cavalier vit dans les montagnes du Caucase, au pied du mont Elbrouz, le plus haut sommet d'Europe avec ses 5 642 m ! Traditionnellement élevé pour le transport, les travaux et le lait, le kabardin a surtout été un cheval de guerre, utilisé pendant plus d'un siècle pour combattre l'Empire russe. Avec la chute de l'URSS, dans les années 90, les chevaux, qui servaient dans les kolkhozes (coopératives agricoles) sont envoyés par centaines à l'abattoir. La race est sauvée grâce à la volonté de quelques éleveurs. Elle est toujours élevée de manière naturelle, en liberté et à 2 500 m d'altitude.

Sa géographie

Née en Russie, la race reste essentiellement présente dans son pays et se développe doucement en Europe. En France, il y aurait moins d'une vingtaine de kabardins.

Premier de la classe en...

Son sens de l'orientation, son pied sûr et sa capacité à évaluer le terrain en font un excellent cheval de randonnée. Il est de plus en plus présent sur les courses d'endurance, où il est un sérieux concurrent pour les pur-sang arabes !

L'info en +

Un cousin plus grand et plus rapide

L'anglo-kabardin résulte d'un croisement entre des juments kabardins et des étalons pur-sang anglais. Également connue sous le nom d'*anglo-kabardinskaïa porodnaïa grouppa*, cette race doit avoir entre 25 et 75 % de pur-sang anglais. Nés dans les années 20-30 dans le Caucase, les anglo-kabardins se sont bien adaptés aux terrains difficiles de leur région d'origine. Ils sont cependant plus grands et plus rapides que leurs cousins et sont utilisés dans les fermes du nord du Caucase ou en compétition.

Le Knabstrup

Ce cheval tacheté est souvent confondu avec l'appaloosa. Pourtant, cette race danoise tient plutôt du cheval d'arme que du cheval américain.

Son standard

- Tête au profil rectiligne avec des oreilles fines
- Museau carré et naseaux larges
- Encolure puissante et joliment arquée
- Épaule forte
- Dos droit et reins courts et puissants
- Crins peu fournis
- Membres fins et droits

En raison de nombreux croisements et d'une sélection axée sur la couleur, la race n'a pas de standard défini avec précision.

Sa taille & son poids

Autour de 1,55 m au garrot

Entre 400 et 600 kg

Sa robe

Toutes les robes tachetées sont autorisées, la plus courante étant le « léopard » (tacheté façon dalmatien). Les robes simples (alezan, bai, noir) sont parfois acceptées.

Ses caractéristiques

Il est vif et maniable. Il a de belles allures élégantes et un équilibre relevé qui le destinent d'emblée au dressage.

Son tempérament

Il est apprécié pour son calme et sa gentillesse. Intelligent, amical et obéissant, on le dit facile à éduquer.

Son histoire

L'histoire de la race tient presque de la légende. À l'époque des guerres napoléoniennes, un officier espagnol serait arrivé au Danemark avec une jument tachetée porteuse de sang andalou. Alors que les troupes espagnoles quittent le pays, sa monture est rachetée par un boucher danois qui lui donne son nom : Flaebe. Repérée par un major d'armée pour sa robe, sa fougue et son endurance, la jument change encore de main : elle est rachetée et amenée dans un haras de la ville de Knabstrup. Croisée avec des étalons de selle danois de race frederiksborg, elle donne naissance aux premiers poulains tachetés de race knabstrup.

Sa géographie

Créée au Danemark, la race est désormais élevée en Norvège, en Suède, en Suisse, en Allemagne et aussi aux États-Unis. Dans l'ensemble, la race reste tout de même très rare.

Premier de la classe en...

Coloré, doué pour le dressage et élève appliqué, le knabstrup est très prisé dans les cirques du monde entier, pour présenter quelques airs de **haute école*** ou pour la voltige. C'est aussi un bon cheval de selle polyvalent, avec un fort penchant pour le dressage et l'attelage. Enfin, sa robe proche de l'appaloosa lui a ouvert les portes de l'équitation western.

L'info en +

Un cheval de guerre trop voyant !

Les premiers descendants de la jument Flaebe furent d'abord recherchés comme monture par les officiers et hauts gradés de l'armée à cause de leur robe. Une bien mauvaise idée, car cette couleur originale en faisait des cibles faciles sur le champ de bataille ! À la bataille d'Isted, en 1850, deux officiers danois montant des knabstrups furent tués.

Le Maremmano

Habitué à travailler au milieu des troupeaux de bovins, le maremmano est par excellence le cheval des *butteri*, les cow-boys italiens.

Son standard

- Tête au profil busqué, prolongée par une encolure musclée et large à la base
- Garrot haut et musclé
- Arrière-main très puissante, avec une croupe oblique
- Cuisses fortes, avec des jarrets bien dessinés
- Membres solides et robustes, avec de très bonnes articulations
- Sabots bien faits
- Rein court

C'est un cheval à l'aspect compact et ramassé, qui n'est pas fait pour la vitesse.

Sa taille & son poids

Entre 1,60 m et 1,72 m

Environ 500 kg

Sa robe

Toutes les robes simples sont admises, mais le bai, l'alezan brûlé et le noir dominent.

Ses caractéristiques

Il est réputé pour sa solidité, son endurance et sa sobriété. Souple dans ses allures et capable d'évoluer sur tous types de terrains, il a une aptitude innée à franchir les obstacles naturels.

Son tempérament

Docile, il a toutefois un caractère bien affirmé.

Son histoire

Le maremmano, issu de chevaux perses, espagnols et, par la suite, pur-sang arabes, tient sans doute ses origines de l'époque romaine. Autrefois élevée en semi-liberté et utilisée par l'armée romaine, la race a peu à peu évolué en deux types : le type latin, très rustique, et le type toscan (celui d'aujourd'hui), plus distingué. C'est à partir du XXᵉ siècle que les maremmanos (également appelé « chevaux de Maremme ») ont été recensés, avec la création d'un livre généalogique. Depuis 1993, un test de performance a été introduit pour l'approbation des étalons. Aujourd'hui, le maremmano est toujours élevé dans les régions sauvages du centre de l'Italie, où les marais d'autrefois ont été asséchés.

Sa géographie

Il est né dans la région de Maremme, au sud-ouest de la Toscane. Le maremmano est aujourd'hui élevé dans son **berceau de race***, ainsi qu'en Sicile et en Sardaigne. On le trouve très peu ailleurs.

Premier de la classe en...

Surtout utilisé par les *butteri*, les cow-boys italiens, il est également apprécié dans le tourisme et par la police montée italienne.

L'info en +

Un cheval de cow-boy

Les *butteri* (littéralement « conducteurs de bœufs ») sont un peu comme nos gardians français. Depuis l'époque romaine, ils élèvent leurs troupeaux de vaches grises maremmanes, impressionnantes avec leurs cornes en forme de lyre et leur caractère imprévisible. Portant un feutre, une chemise à carreaux et un gilet, ils se servent d'un *uncino*, un grand bâton de travail qui les aide à diriger les bêtes. Leurs chevaux maremmanos, à l'aise au milieu du bétail, sont un outil de travail précieux. De moins en moins employés dans les fermes, les *butteri* continuent cependant de transmettre leur monte traditionnelle. Elle s'est en partie transformée en équitation sportive, ce qui donne lieu à des compétitions de haut niveau.

Le marwari

Le marwari est un cheval de légende.
Venu d'Inde, il est connu pour son port de tête haut et fier et ses étranges oreilles en croissant de lune, une particularité unique.

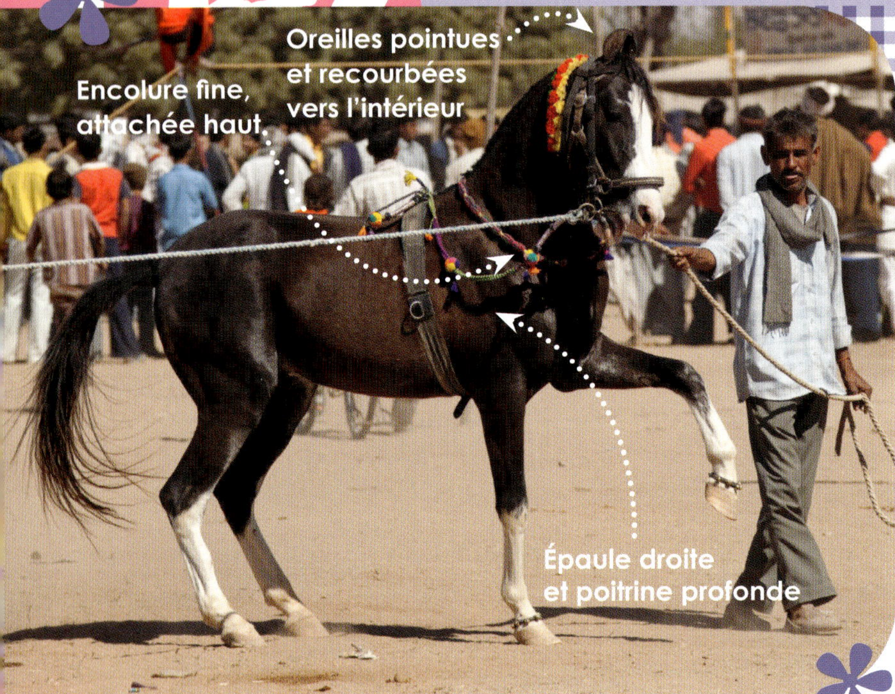

Son standard

- Oreilles pointues et recourbées vers l'intérieur
- Tête longue et fine, au profil droit
- Encolure fine, attachée haut
- Garrot formé, puissant et court
- Épaule droite et poitrine profonde
- Dos solide au rein bien musclé
- Membres minces et fins, longs et aux articulations plates

Les oreilles recourbées sont spécifiques au marwari. Croisés avec d'autres chevaux, les poulains auront généralement des oreilles droites !

Sa taille & son poids

Taille	Poids
Entre 1,50 et 1,63 m	Autour de 600 kg

Sa robe

Toutes les robes sont possibles, mais le pie et le gris sont très recherchés. Le noir est supposé porter malheur et est rejeté. Le crème est réservé à l'usage religieux.

Ses caractéristiques

Malgré sa morphologie fine, c'est un cheval robuste, facile d'entretien, vif et très endurant.

Son tempérament

C'est une monture nerveuse et pleine de répondant. Intelligent et doté d'un tempérament tenace, le marwari est une monture réservée aux bons cavaliers. On le dit courageux et fidèle.

Son histoire

D'après la légende, le marwari est né d'un étalon pur-sang arabe noir et d'une jument indienne à la crinière blonde, qui se seraient aimés lors d'une nuit où la lune formait un croissant. En réalité, la race serait issue de poneys **autochtones*** croisés avec des chevaux arabes échoués sur les côtes de l'Inde lors d'un naufrage. Ce cheval, réputé divin, est devenu la monture des guerriers rajputs. Avec la colonisation anglaise des Indes, le pur-sang anglais est préféré au marwari, qui disparaît progressivement. Seul un maharaja perpétue l'élevage. Au début des années 2000, une Anglaise s'allie avec un noble Indien pour sauver la race, et créer un **stud-book***. Il reste seulement une centaine de marwaris de pure race.

Sa géographie

Le marwari est élevé dans l'ouest de l'Inde, dans l'état du Rajasthan. Les effectifs sont très faibles et les exportations très rares. En France, il existe seulement trois marwaris.

Premier de la classe en…

En Inde, le marwari est utilisé pour les déplacements, la traction légère et les travaux agricoles. On l'utilise traditionnellement pour « danser » lors des mariages et des fêtes : décoré de bijoux et de cloches, le cheval exécute des pas et des sauts. En France, l'étalon Dilraj s'est avéré être un bon cheval de dressage et de spectacle en intégrant les écuries du Musée vivant du cheval de Chantilly.

L'info en +

Le savais-tu ?

Le kathiawari est une race cousine du marwari, qui possède elle aussi des oreilles recourbées. Encore plus rare, elle est originaire du Kathiawar, une province au sud-ouest du Marwar. La plupart des marwaris et des kathiawaris sont capables de marcher le *revaal*, sorte d'amble décousu, réputé confortable.

Le Morgan

Un dos très long, une encolure fière et des allures relevées : même si tu ne connais pas encore cette race américaine, tu apprendras facilement à reconnaître la silhouette caractéristique du morgan.

Sa taille & son poids

Entre 1,40 m et 1,52 m

Entre 400 et 550 kg

Sa robe

Elle peut être alezane, baie, bai-brun ou noire.

Ses caractéristiques

C'est un petit cheval de selle polyvalent, au pied sûr et doté d'une fière allure. Il est particulièrement bon trotteur. À l'arrêt, il adopte une position campée facilement reconnaissable.

Son tempérament

C'est un cheval intelligent, malléable et docile.
Il est réputé pour avoir bon caractère mais c'est un cheval qui reste vif et énergique.

Son standard

- Tête expressive, large et courte, avec un front plat et des ganaches prononcées
- Encolure épaisse et musclée, légèrement enroulée
- Queue attachée haut et portée droite
- Épaule longue, oblique et musclée
- Axe dos-rein-croupe droit, long et solide

Le cheval morgan a des allures souples et naturelles. Mais pour les exhibitions, il porte souvent une ferrure particulière qui lui donne un trot très relevé, avec une action du genou très haute.

Son histoire

Le morgan est une des races américaines les plus anciennes. Il est le descendant d'un unique étalon, appelé Figure, né en 1789 dans le Vermont, un état proche de la frontière canadienne, et reconnu localement pour ses qualités : force, vigueur, vitesse et endurance. Il est probable qu'il soit issu de pur-sang anglais, mais on lui attribue aussi parfois du sang frison, welsh cob ou canadien. Il appartenait à un certain Justin Morgan qui a donné son nom à la race. Au XIXe siècle, les « chevaux morgan » sont utilisés comme animaux de trait, pour l'attelage familial puis comme montures de cavalerie. Le premier registre d'élevage est publié en 1894.

Sa géographie

Issu du nord-est des États-Unis, le morgan est désormais élevé dans tout le pays, ainsi qu'au Canada et en Grande-Bretagne.

Premier de la classe en...

Aux États-Unis, le morgan est le cheval d'exhibition par excellence. Que ce soit en équitation ou en attelage, il brille dans les **shows*** d'élevage parfois organisés uniquement pour la race. Le morgan est aussi considéré dans son pays comme un cheval de famille polyvalent, adapté à de nombreuses disciplines ou même à **l'équithérapie***... L'attelage reste cependant son gros point fort.

L'info en +

Cheval de guerre

Le morgan a longtemps été la monture officielle de la cavalerie américaine. Il a d'abord constitué la première cavalerie du Vermont, son état d'origine, avant d'être adopté au niveau national. Lors de la guerre de Sécession, le morgan s'est ainsi retrouvé des deux côtés du champ de bataille. Certains chevaux se sont illustrés et leur nom est resté dans l'histoire : c'est le cas de Winchester, la monture du général Sheridan.

Le mustang et le brumby

Le mustang et le brumby sont deux chevaux revenus à l'état sauvage, l'un aux États-Unis, l'autre en Australie. Leur histoire et leur morphologie sont très similaires.

Son standard

- Corps trapu et vigoureux
- Tête petite et rectiligne
- Crins fournis
- Encolure courte et un peu creuse
- Dos bref au garrot peu marqué
- Membres secs aux aplombs droits
- Petits sabots à la corne dure et noire

Le mustang et le brumby ne sont pas réellement des races, et n'ont évidemment pas de standard défini. Mais la vie dans les régions arides a forgé une morphologie générale.

Sa taille & son poids

Autour de 1,50 m

Entre 300 et 500 kg

Sa robe

Toutes les couleurs sont possibles, y compris les robes diluées, pie et tachetées.

Ses caractéristiques

Ces chevaux ont repris l'habitude de vivre en famille. Ces harems sont constitués d'un étalon, d'une à cinq juments et de leurs poulains, qui restent dans le groupe jusqu'à l'âge de 2 ans.

Son tempérament

Ce sont des animaux sauvages et méfiants, toujours prêts à prendre la fuite. Le dressage d'un mustang ou d'un brumby demande expérience, tact et paticnce.

Son histoire

En dialecte aborigène australien, *baroomby* signifie « sauvage ». Le mot « mustang », lui, vient du terme mexicain *mestengo* qui signifie « vagabond ». En réalité, le brumby et le mustang ne sont pas de vrais chevaux sauvages. Ce sont des descendants de chevaux domestiques retournés à l'état sauvage parce qu'ils se sont enfuis ou ont été relâchés. Ce phénomène est appelé le marronnage. On parle alors de chevaux « marron » ! Le mustang est issu de chevaux barbes, espagnols et arabes, venus du Nouveau-Mexique puis répandus dans tout l'Ouest américain. Les brumbies, eux, seraient issus de pur-sang anglais, arabes et de boeperd sud-africains.

Sa géographie

Il y a environ 100 000 mustangs sauvages dans tout l'Ouest américain. On compte quatre fois plus de brumbies dans le centre de l'Australie.

Premier de la classe en...

Les chevaux sauvages, libres et indomptables, sont une grande source d'inspiration. Quelques mustangs connus : Petit Tonnerre, la monture rebelle de *Yakari* ou encore *Spirit, l'étalon des plaines* du célèbre dessin animé. L'équivalent australien de Spirit est un étalon brumby du nom de Thowra dans *L'étalon d'argent*.

L'info en +

Des pétitions pour les sauver

On considère ces chevaux libres comme nuisibles, car ils mangent l'herbe destinée au bétail, piétinent les cultures, renversent les clôtures. Les gouvernements ont donc décidé de se débarrasser du problème de manière brutale : chassés par hélicoptère et abattus à coups de fusil, les animaux sont vendus pour leur viande. À force de pétitions, le mustang est aujourd'hui protégé aux États-Unis et la population régulée selon un programme de capture et d'adoption. Ce n'est pas encore le cas en Australie.

Le Paso fino

En espagnol, *caballos de paso fino* veut dire les « chevaux au pas fin ». Ce petit cheval d'Amérique du Sud et des Caraïbes doit son nom à ses trois allures supplémentaires.

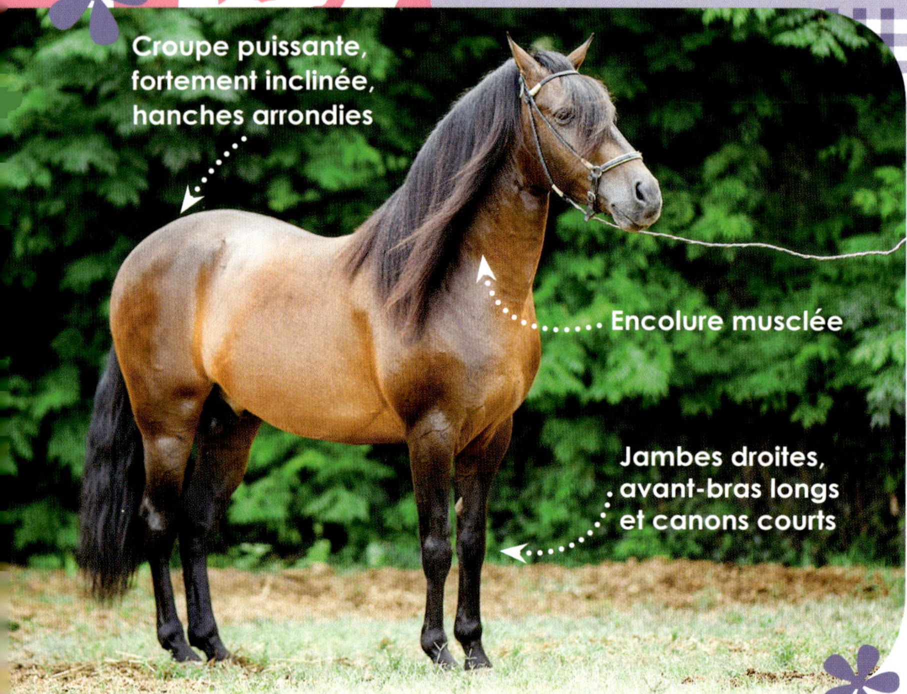

Son standard

- Tête petite, aux oreilles droites et courtes
- Croupe puissante, fortement inclinée, hanches arrondies
- Crins fournis, queue portée haute
- Jambes droites, avant-bras longs et canons courts
- Naseaux larges
- Encolure musclée

C'est un cheval vif et robuste, qui possède souplesse et grâce. Ses allures amblées sont toutes naturelles.

Sa taille & son poids

Entre 1,32 m et 1,55 m

Entre 320 et 500 kg

Sa robe

Toutes les robes sont acceptées, y compris le pie.

Ses caractéristiques

Il possède trois allures en plus du pas, du trot et du galop. Le paso fino est une forme d'amble décomposé, lent, rassemblé et très confortable. Le paso corto est une version plus rapide mais toujours rassemblée. Avec des foulées plus longues, le paso largo se rapproche du tölt des islandais.

Son tempérament

C'est un cheval fin, vif et réactif. Habitué à être traité « à la dure », il demande de la patience, du tact et de la fermeté.

Son histoire

Les ancêtres du paso fino sont arrivés dans le « Nouveau Monde » sur les bateaux de Christophe Colomb. Les conquistadors utilisaient des chevaux de race barbe et des genets d'Espagne, qui avaient déjà une allure supplémentaire, l'amble. À Cuba, Porto Rico et en Colombie, le paso fino a été élevé et sélectionné pendant des siècles pour son endurance, sa démarche confortable et sa beauté. Chaque pays possède ses propres lignées de chevaux et revendique l'authentique paso fino. Suite aux premières exportations de chevaux vers les États-Unis, autour de 1940, une association de la race a été créée pour promouvoir la race et gérer le **stud-book***.

Sa géographie

On compte environ 200 000 paso finos en Amérique centrale et Amérique du Sud. Les États-Unis et le Canada ont aussi beaucoup développé l'élevage, alors qu'elle reste rare en Europe.

Premier de la classe en...

En Amérique latine, le paso fino est avant tout un cheval de bétail et un moyen de déplacement dans les exploitations agricoles difficiles d'accès. Mais sa réputation se forge au cours des férias, où des concours de modèle et allures lui sont réservés. Plusieurs catégories permettent aux propriétaires de s'affronter sur les trois *pasos*. Hors de son pays, le paso fino est orienté vers l'**équitation de travail*** et western.

L'info en +

Le paso peruano

Le paso peruano et le paso fino partagent une partie de leur nom et des ancêtres communs. Ils ont tous les deux des allures originales, proches de l'amble. Pourtant, ce sont deux races à la morphologie et au caractère différents. Élevé au Pérou pour les longs déplacements en montagne, le paso peruano est plus puissant et massif que le paso fino. Il est aussi plus serein et plus facile en selle, et fait un excellent cheval de randonnée et de loisir.

Le pure race minorquine

Reconnaissable à sa robe noire et à son allure fière, le pure race minorquine est l'un des seuls chevaux au monde à pouvoir rester cabré pendant plusieurs minutes !

Son standard

- Tête fine et harmonieuse avec un chanfrein droit ou légèrement **convexe***
- Oreilles petites et recourbées
- Encolure forte, arrondie, et puissante
- Dos assez long, droit et musclé
- Croupe légèrement inclinée et puissante
- Queue attachée bas et fournie
- Petits pieds, arrondis et durs

Souple et agile, il possède des allures aisées et confortables, avec beaucoup de rebond.

Sa taille & son poids

De 1,54 m à 1,70 m, voire plus

Kg

Environ 500 kg

Sa robe

Elle est obligatoirement noire (dans toutes ses nuances). Les petites marques blanches sont autorisées (en-têtes et balzanes), à condition qu'elles soient de taille réduite.

Ses caractéristiques

Noble et fier, c'est un cheval maniable et facile d'entretien.

Son tempérament

Doté d'un caractère méditerranéen, il est joyeux sous la selle, attentif et généreux… Mais un peu susceptible, il n'aime pas être contrarié !

Son histoire

Souvent appelé minorquin, son vrai nom est pourtant « cheval de pure race minorquine ». Une appellation qui lui vient de l'île espagnole de Minorque. Ses origines remontent au XIVe siècle, où le roi Jaume II, régnant sur l'île, se constitue une cavalerie pour se défendre contre les invasions. Il croise donc des petits chevaux noirs locaux avec différentes races pour obtenir une monture de guerre agile, maniable et rapide. Longtemps utilisés pour les travaux agricoles ou le port des charges, ces chevaux sont surtout célèbres pour leur participation aux fêtes traditionnelles. S'il reste un acteur important de ces grands événements, le petit cheval noir a su s'adapter à l'évolution du monde équestre et est à l'aise dans tous types de disciplines. Le livre généalogique de la race a été créé en 1988.

Sa géographie

La plupart des pures races minorquines sont encore élevés sur l'île de Minorque, dans les Baléares (Espagne). L'effectif s'élèverait à environ 2 000 chevaux à travers le monde. En France, la race est reconnue depuis 2008.

Premier de la classe en...

C'est un cheval polyvalent, mais sa spécialité reste le dressage. Très présent dans les grandes fêtes traditionnelles, il fait aussi un bon compagnon de randonnée.

L'info en +

Un impressionnant cabré !

La *doma menorquina*, propre à l'île de Minorque, est une discipline proche de la ***doma vaquera****, avec quelques particularités. L'une d'entre elles est le bôt, une posture consistant à se dresser sur les postérieurs et à rester plusieurs minutes dans ce cabré parfait ! Dans les fêtes traditionnelles, les entiers (chevaux mâles non castrés) exécutent cette figure au milieu de la foule agglutinée autour d'eux, se déplaçant en équilibre sur plusieurs mètres… Le bôt, qui se pratique avec un harnachement et un costume bien spécifiques, est d'ailleurs un critère de sélection des chevaux.

Le Skyros

Il ne ressemble à aucune autre race moderne, à la fois par sa composition génétique* **et sa manière de vivre. Animal sauvage pourtant très docile avec l'homme, ce petit cheval grec est décidément particulier !**

Son standard

- Tête assez petite, avec un front large et des yeux proéminents
- Encolure forte
- Corps étroit, avec une arrière-main peu musclée
- Dos court et droit, prolongé par une croupe oblique
- Membres fins mais résistants
- Pieds de petite taille, solides et toujours noirs
- Crinière et queue attachées bas et très fournies

Le skyros ressemble plus à un petit cheval qu'à un poney. Il n'est pas forcément harmonieux physiquement mais possède une morphologie adaptée à son milieu.

Sa taille & son poids

Entre 1 m et 1,15 m

Environ 150 kg

Sa robe

Toutes les robes simples sont admises mais on trouve essentiellement du bai, du noir et de l'alezan. Des **marques primitives*** sont parfois présentes. Les marques blanches se limitent en général à une étoile en tête.

Ses caractéristiques

Isolé sur son île, il a développé les qualités de résistance et de volonté nécessaires à sa survie.

Son tempérament

On le dit doté d'un bon caractère et d'une grande sociabilité en troupeau. Curieux et joueur, il aime aussi les câlins !

Son histoire

Les skyros seraient présents en Grèce depuis l'Antiquité, ils ressemblent d'ailleurs étrangement aux chevaux sculptés sur le Parthénon, célèbre monument grec. La race n'a survécu que sur l'île de Skyros, perdue dans la mer Égée. Isolé des autres races, le skyros s'est habitué à vivre dans des conditions climatiques très rudes et en troupeaux libres. Pendant des siècles, il a cohabité avec les paysans, se laissant attraper pour le battage des blés… avant d'être relâché dans la montagne. Cette tradition a cessé avec l'arrivée des machines agricoles, menaçant la race de disparition. Dans les années 70, un programme de conservation a été mis en place et plusieurs associations travaillent toujours pour la sauvegarde du petit cheval grec.

Sa géographie

Son nom lui vient de l'île de Skyros, à l'est du continent grec, et c'est encore dans ce milieu montagneux et aride que vivent la plupart des chevaux. On en compte moins de 200 à travers le monde.

Premier de la classe en…

Il est très apprécié comme monture pour les enfants. Mais sa taille, sa douceur et sa docilité en font surtout un petit cheval particulièrement adapté à l'**équithérapie***.

L'info en +

Des cousins encombrants !

La race est aujourd'hui en danger pour plusieurs raisons. Le manque de nourriture est un vrai problème : l'élevage (chèvres, moutons) s'est intensifié, si bien que les chevaux ne trouvent plus de fourrage. Par ailleurs, les skyros, qui vivent toujours en liberté, sont en concurrence avec les ânes ! Plus intéressants financièrement que les chevaux (interdits d'exportation), les mules et les mulets sont très recherchés. Plus forts et agressifs que les étalons, les ânes lâchés par les paysans s'accouplent donc avec les juments, au détriment de la race skyros !

Le sorraia

Facile à reconnaître en raison de sa robe très typique, le sorraia est pourtant une race rare et en danger.

Son standard

- Tête au profil légèrement busqué, assez grosse
- Ganaches peu marquées
- Petits yeux obliques
- Encolure courte
- Dos droit, prolongé par un rein court
- Croupe courte, parfois très inclinée
- Queue attachée bas
- Arrière-main peu développée
- Membres forts
- Sabots étroits

Malgré sa petite taille, le sorraia est considéré comme un cheval. Souvent maigre et doté d'un ventre volumineux en hiver, il devient plus harmonieux en été.

Sa taille & son poids

Entre 1,38 m et 1,48 m

Environ 450 kg

Sa robe

Isabelle ou gris souris, sa robe est caractéristique des **races primitives***. Les crins sont de la même couleur que la robe, mais plus sombres en profondeur.

Ses caractéristiques

Léger et plein d'énergie, il est capable de démarrages, arrêts et demi-tours fulgurants ! Ce cheval rapide est aussi particulièrement endurant.

Son tempérament

Courageux, il est apprécié pour sa grande docilité, voire sa soumission au cavalier.

Son histoire

Son nom lui vient des rivières Sor et Raïa, formant l'un des plus grands affluents du Tage, au Portugal. Une race de chevaux primitifs s'est développée dans cette vallée, jusqu'à sa découverte en 1920 par le docteur Ruy d'Andrade, agronome et éleveur renommé de lusitaniens. À partir de 7 juments et de 3 étalons, le spécialiste a reconstitué cette race, qu'il a appelée « sorraia ». Bien qu'il soit difficile de connaître les véritables ancêtres du sorraia, celui-ci est reconnu officiellement comme race **autochtone*** portugaise. Utilisé encore aujourd'hui pour les travaux agricoles, le sorraia vit en semi-liberté dans sa région d'origine. Du fait de la **consanguinité*** et des problèmes de fertilité, la race est cependant en situation critique.

Sa géographie

Il trouve ses origines dans la vallée de l'Alentejo, fleuve qui fait office de frontière avec l'Espagne, dans le sud du Portugal. Il y a quelques centaines de sorraias à travers le monde, l'essentiel de la population se trouvant au Portugal.

Premier de la classe en...

Il est toujours utilisé au Portugal pour les travaux agricoles et la conduite du bétail (notamment les taureaux de combat). Résistant et sobre, il fait aussi un bon cheval de randonnée.

L'info en +

Des sorraias chez Bartabas !

Depuis 2005, la célèbre Académie équestre de Versailles, fondée par Bartabas, compte dans ses écuries 6 magnifiques sorraias. Pluton, Saturne, Vénus, Jupiter, Mars et Mercure, arrivés directement du Portugal, sont régulièrement présents dans les spectacles de l'Académie équestre, aux longues rênes ou dans des démonstrations d'escrime à cheval. Leur robe homogène, leur agilité et leur intelligence se prêtent parfaitement au spectacle !

et les autres...

Les ânes

Présent aux côtés des hommes depuis la nuit des temps, l'âne souffre pourtant d'une mauvaise image. Une réputation inexacte, qui a tendance à se corriger ces dernières années.

Son standard

- Tête volumineuse, avec un front large
- Oreilles mobiles, longues et garnies de poils à l'intérieur
- Encolure souvent sèche
- Crinière peu abondante, courte et droite
- Dos droit, qui se creuse avec l'âge
- Croupe courte et inclinée
- Poitrail étroit
- Membres secs, avec un pied petit et très dur

Alors que le cheval a 6 lombaires, l'âne n'en a que 5. Cette particularité le rend moins souple et lui donne une démarche un peu raide, mais augmente sa force.

Sa taille

- Moins de 0,90 m pour les ânes nains
- Entre 0,90 m et 1,10 m pour les petits
- Entre 1,10 m et 1,30 m pour les moyens
- Jusqu'à 1,55 m pour les grands

Sa robe

Elle est généralement gris souris avec une raie de mulet et une **croix de Saint-André***. Le ventre, le museau et le bord des yeux sont plus clairs. Elle peut aussi être baie ou noire, voire blanche ou pie.

Ses caractéristiques

Très fort et placide, c'est un compagnon agréable, mais très exigeant avec son maître !

Son tempérament

Plus indépendant et plus proche de l'homme que le cheval, si on le dit têtu, c'est qu'il a besoin de comprendre avant de s'engager !

Son histoire

L'âne d'aujourd'hui descendrait de l'âne de Somalie et de l'âne de Nubie (Afrique), qui ont disparu depuis 2 000 ans. Présents aux côtés des hommes depuis l'Antiquité, on raconte notamment que Cléopâtre, reine d'Égypte, prenait des bains au lait d'ânesse pour entretenir sa beauté ! Utilisé pour toutes sortes de travaux, à la ville comme à la campagne, il était apprécié pour son endurance, son calme et sa sobriété. Victime d'une mauvaise réputation qui le qualifie d'animal têtu, à travers notamment les histoires et proverbes parlant de lui, il revient sur le devant de la scène ces dernières années.

Premier de la classe en...

C'est surtout dans le transport des charges que l'âne a toujours été utilisé. Il peut également être monté, devenant une monture moins confortable que le cheval, mais plus endurante. Attelé dans certains pays pour le travail, il l'est aussi de plus en plus pour le loisir. Apprécié dans le tourisme, où il est **bâté*** pour les randonnées, il peut faire un bon animal de compagnie, avec d'autres animaux à ses côtés, bien sûr !

Sa géographie

Sans doute originaire d'Afrique, l'âne s'est peu à peu développé en Europe et bien au-delà.

L'info en +

Pour tous les goûts !

En France il existe 7 races d'ânes :

- L'âne de Provence, grand et pourvu d'une robe gris tourterelle, accompagne encore les bergers lors des **transhumances***.
- L'âne du Cotentin, originaire de la Manche, servait notamment à transporter le lait autrefois.
- L'âne des Pyrénées, avec sa robe noire et son pas sûr, est parfaitement adapté aux terrains montagneux.
- Le baudet du Poitou est sans doute le plus connu avec ses dreadlocks et sa grande taille !
- L'âne normand, le plus petit, allie force et bon caractère.
- L'âne grand noir du Berry, du centre de la France, est caractérisé par sa grande taille et sa robe noire.
- L'âne du Bourbonnais, originaire d'Auvergne, est officiellement reconnu depuis 2002.

Il existe bien d'autres races d'ânes dans le monde, comme l'âne corse, l'âne pie d'Irlande, l'âne miniature... Ou encore l'âne commun, qui est le résultat de nombreux croisements et est sans doute le plus courant !

Mules, mulets, bardots & les autres...

La mule, le mulet et le bardot sont le résultat des amours entre ânes et chevaux. On les appelle des hybrides. Ils sont en général stériles mais on les élève pour leurs qualités d'animaux de bât*.

Son standard

- Animal robuste, de grande taille
- Tête volumineuse, allongée, souvent busquée
- Oreilles de longueur intermédiaire entre un cheval et un âne
- Membres fins et secs, aplombs solides
- Le bardot a une morphologie plus proche du cheval. De plus petite taille que le mulet, il possède généralement des oreilles moins longues, un corps plus arrondi, et un pelage plus épais.

Si on croise une jument avec un âne, on obtient une mule (ou un mulet si c'est un mâle). Si on croise un cheval avec une ânesse, on obtient un bardot.

Leur taille & leur poids

La taille et le poids des hybrides dépendent des races d'ânes et de chevaux utilisées pour le croisement.

Leur robe

Toutes les robes sont possibles en fonction de la couleur des parents. Les mulets ont tendance à être bai foncé, alors que les bardots sont souvent de couleur claire.

Leurs caractéristiques & leur tempérament

On dit du mulet qu'il a hérité des qualités de ses deux parents : fort, **porteur***, endurant, patient, travailleur avec de bons sabots...
On peut lui reprocher d'être têtu s'il sent un danger.
Moins costaud, le bardot est aussi bien moins réputé.

Leur histoire

Les premières traces de croisements muletiers datent de -3 500 av. J.-C., en Asie centrale. Au cours des siècles, le mulet s'impose comme animal de bât et de traction, idéal pour les armées et les travaux agricoles. Les mules franchissent les Alpes avec Alexandre le Grand, tirent les carrosses des rois d'Espagne, accompagnent la conquête de l'Ouest puis la ruée vers l'or en Amérique, déplacent les canons dans de multiples guerres et tractent les premiers tramways à Lisbonne. Du XVIIe au XIXe siècle, la production de mulets est tellement importante qu'elle menace certaines races de chevaux, comme le poitevin mulassier, et les croisements sont réglementés.

Leur géographie

Les mules et les mulets ne sont pas vraiment rattachés à un pays ou une région. Présents un peu partout dans le monde, ils sont souvent des compagnons de travail. En France, ils ont tendance à être de plus en plus utilisés.

Premier de la classe en...

Le terrain de prédilection de la mule est la montagne. Excellent animal de bât, elle passe partout et est appréciée par les marcheurs pour les expéditions. Mais de plus en plus, on l'utilise pour la selle car c'est une monture de randonnée inégalable. Aux États-Unis, il y a un fort engouement pour les mules issues de quarter horses : il existe des courses de vitesse et des compétitions spécifiques de puissance et d'obstacles !

L'info en +

Zébrânes et zébrules

Le zébrâne est le résultat du croisement entre un zèbre et une ânesse, et le zébrule est le petit d'une jument et d'un zèbre. Le zébrule est aussi souvent appelé de son nom américain *zorse*. Ces mélanges sont souvent accidentels et ne sont pas particulièrement recherchés, car le caractère du zèbre rend ces animaux peu coopératifs. Le chuchoteur très connu Andy Booth a éduqué une petite femelle zébrule nommée Stormy, mais cela reste une exception.

Le cheval de Przewalski

C'est le dernier vrai cheval sauvage. Survivant de la préhistoire, jamais domestiqué par l'homme, le cheval de Przewalski n'est pas une race de chevaux, mais bien une espèce à part entière.

Sa taille & son poids

Entre 1,20 m et 1,40 m

Entre 200 et 300 kg

Sa robe

Elle est toujours isabelle foncée, avec une raie de mulet et des zébrures sur les membres, le ventre et le nez sont plus clairs.

Ses caractéristiques

Le cheval de Przewalski n'est pas l'ancêtre de nos chevaux domestiques, mais ils partagent sûrement un ancêtre commun.

Son tempérament

Il est sauvage, impossible à discipliner par nature et peut même être agressif. De la même façon qu'un zèbre, il ne peut pas être monté ou dressé.

Son standard

- Grosse tête rectangulaire, ganaches lourdes
- Encolure épaisse
- Crinière courte, drue et en brosse, qui mue chaque année
- Absence de toupet
- Corps trapu et épais
- Membres courts, très larges, aux articulations solides
- Ventre arrondi

Le cheval de Przewalski a l'apparence du cheval primitif.

Leur histoire

Des peintures préhistoriques en Ardèche montrent des chevaux très ressemblants à ceux de Przewalski. Nos ancêtres devaient donc cohabiter il y a 30 000 ans ! Pourtant, ce cheval a, avec eux, été redécouvert en 1879. Lors d'une expédition en Mongolie, un colonel russe nommé Nikolaï Przewalski repère ces drôles de chevaux que l'on croyait disparus. Cette découverte provoque alors de nombreuses chasses et captures pour alimenter les zoos d'Europe et assouvir la curiosité du public. En moins d'un siècle, la race disparaît complètement à l'état sauvage. En 1977, il ne reste que 300 chevaux vivant en captivité dans le monde. Heureusement, un programme d'élevage est organisé entre les zoos pour conserver la race dans le but de la réintroduire. En France, le programme est porté par l'association Takh et l'éthologue Claudia Feh.

Leur géographie

Depuis 40 ans, plusieurs organisations européennes relâchent des chevaux de Przewalski en Mongolie dans le but de recréer une population sauvage. Actuellement, il y aurait entre 300 et 400 chevaux vivant en Mongolie. En France, on compte deux réserves, dont la plus connue est celle du Villaret, en Lozère, avec au total une cinquantaine de chevaux. On trouve aussi des troupeaux en semi-liberté en Belgique, en Chine, et autour de la centrale de Tchernobyl, en Ukraine.

L'info en +

Un week-end pour étudier le comportement des chevaux sauvages

L'association Takh propose régulièrement des stages pour approcher ces drôles de chevaux et comprendre leur comportement à l'état sauvage. Accompagné d'une spécialiste, on peut ainsi observer et décortiquer l'emploi du temps des 45 chevaux de Przewalski installés sur le Causse Méjean. Ce plateau aride qui rappelle les steppes d'Asie permet aux animaux de s'habituer à la vie sauvage avant leur réintroduction en Mongolie.

Les chevaux « Sans Race »

Il était difficile de terminer cette encyclopédie des races sans parler de tous les chevaux « sans-race ». Dans le monde, ce sont probablement eux, finalement, les plus nombreux !

Leurs caractéristiques & leur tempérament

Il y en a de toutes les tailles et de tous les types, du croisé shetland au croisé cheval de trait. De manière générale, on dit que le mélange de races favorise une bonne santé, une meilleure longévité et un mental équilibré.

Petit dico

On utilise beaucoup d'expressions imagées pour désigner les chevaux « sans-race » : *bâtards, croisés portes et fenêtres, cocktails de prairie, mélanges…*
Mais il existe aussi quelques termes officiels à connaître :

- **O.N.C.** (pour origine non constatée) : C'est un cheval ou un poney dont les parents ne sont pas connus ou n'ont pas été déclarés à temps. Sa généalogie n'est pas inscrite sur ses papiers. Il s'agit souvent du résultat d'amourettes dans les prés.

- **O.I.** (pour origine inconnue) : C'est comme cela qu'on appelait autrefois les O.N.C. Beaucoup de gens utilisent encore cette appellation.

- **O.C.** (pour origine constatée) : C'est un cheval ou un poney dont les parents sont connus et ont été déclarés au moment de la naissance, mais qui n'appartient à aucune race reconnue en France. On connaît sa généalogie, il a parfois de très bonnes origines, mais il ne répond pas aux critères d'un **stud-book*** français. Ces chevaux étaient auparavant appelés C.S. (chevaux de selle).

Qui peut partir en compétition ?

Les compétitions de niveau Club sont accessibles à tous les chevaux, qu'ils soient O.C., O.N.C. ou de race pure. En revanche, dans la plupart des disciplines, les O.N.C. et les O.I. n'ont pas le droit de concourir en niveau Ponam, Amateur et Pro. Il faut au minimum avoir des parents connus et être enregistré comme O.C. ou C.S. Seules quelques disciplines ne sont pas aussi strictes et sont ouvertes à tous les chevaux : horse-ball, pony-games, **TREC***...

Leur géographie

Dans le monde entier, dès qu'un cheval n'est pas inscrit dans un livre de race, on peut considérer qu'il est un « bâtard ». Parfois les chevaux ont de bonnes origines, mais les éleveurs n'ont simplement pas fait la démarche de les inscrire au **stud-book***. Les « sans-races » représentent donc la plus grande population de chevaux au monde ! En France, la moitié des poulains qui naissent chaque année sont des O.N.C.

Premier de la classe en...

Parce que ce sont de bons chevaux robustes à faible prix, les chevaux « sans-race » sont les montures n°1 dans les clubs. Ils sont généralement destinés au loisir et à la randonnée, mais certains font aussi de belles carrières sportives.

L'info en +

« Sans-race », mais pas sans-papiers

On dit souvent que les chevaux de race ont des papiers, ce qui fait référence à leur enregistrement dans le stud-book de leur race. Mais cela ne veut pas dire que les chevaux qui n'ont pas de race n'ont pas de papiers ! En France, depuis 2003, tous les chevaux sont identifiés et inscrits auprès de l'Institut français du cheval et de l'équitation **(IFCE)***, qu'ils soient ou non de lignées prestigieuses.

Petit Lexique

a

Améliorateur de races : améliorer une race, c'est lui apporter des sangs différents pour obtenir une meilleure qualité. Elle répondra ainsi davantage à ce que l'homme attend d'elle (un physique plus sportif, une plus grande endurance, un caractère plus doux…). Deux races ont surtout été utilisées comme « amélioratrices » : le pur-sang anglais et le pur-sang arabe.

Autochtone : une race est autochtone lorsqu'elle est originaire du lieu (pays, département…) où elle vit toujours.

B

Bande cruciale : aussi appelée « croix de Saint-André », la bande cruciale est surtout présente chez les ânes. Elle est la combinaison d'une raie de mulet et d'une bande scapulaire (marque noire qui descend sur les épaules). La bande cruciale ressemble à un « T » noir qui court le long du dos et se termine sur les épaules.

Bât : équipement installé sur le dos d'un cheval, d'un âne ou d'une mule qui lui permet de porter de lourdes charges. Les animaux bâtés sont toujours utilisés de manière professionnelle (en montagne par les bergers, par exemple), mais sont également de plus en plus présents dans le tourisme. Ainsi, les ânes bâtés sont appréciés pour porter les bagages lors des randonnées.

Berceau de race : zone d'origine (plus ou moins étendue) d'une race.

C

Camus : synonyme de « concave », il décrit un chanfrein plus ou moins creux, à la manière du pur-sang arabe, avec sa tête d'hippocampe ! Au contraire, un profil « convexe » ou busqué marque une bosse au niveau du chanfrein. Les lusitaniens ont en général un profil convexe. Enfin, il existe des profils rectilignes, c'est-à-dire droits.

Carrossier : cheval de trait léger, employé autrefois au transport des personnes, en ville notamment. Ce terme est peu employé aujourd'hui, car ces races ont pratiquement toutes disparu.

Cheptel : ensemble des animaux d'une même race ou d'un même troupeau, ou encore d'une région ou d'un pays.

Concave : voir « camus ».

Consanguinité : fait de faire reproduire entre eux des animaux ayant un lien de parenté. Il peut ainsi s'agir d'un accouplement entre une jument et son fils ou d'un étalon et sa fille. Ce genre de « mariage » a en général un effet négatif sur la race et la fragilise.

Convexe : voir « camus ».

Croix de Saint-André : voir « bande cruciale ».

F

FFE : Fédération Française d'Équitation. Organisme qui gère l'ensemble du monde équestre, des différentes disciplines aux formations nécessaires pour devenir un professionnel, en passant par la compétition.

G

Gène : un gène est contenu dans l'ADN d'un être vivant. Il rassemble divers caractères héréditaires (hérités de ses ancêtres) et, en s'exprimant, va déterminer des caractéristiques de l'individu qui le porte.

I

IFCE : Institut français du cheval et de l'équitation, nom donné depuis 2010 aux anciens Haras nationaux. Cet organisme public a pour mission d'accompagner toute la filière équestre, de l'élevage à la compétition de haut niveau.

M

Maîtres : cavaliers reconnus pour leur savoir, la qualité de leur travail et de leur enseignement. C'est surtout dans le dressage que l'on rencontre de grands maîtres (aujourd'hui disparus), comme Antoine de Pluvinel, François Baucher ou plus récemment Nuno Oliveira.

Morphologie : description physique du cheval basée sur son aspect général et ses différentes parties externes. La description morphologique est regroupée dans le « standard » du cheval.

P

Porteur : terme désignant un cheval solide, capable (en fonction de son dos et sa corpulence) de porter des charges ou un cavalier assez lourds.

R

Race primitive : les chevaux primitifs sont les tout premiers chevaux, à l'origine des races actuelles. Ils portaient souvent des « marques primitives » sur le corps, comme une raie de mulet ou des zébrures sur les membres... Le cheval de Przewalski, qui existe encore à l'état sauvage, est sans doute le plus célèbre d'entre eux.

Roué : une encolure rouée, ou encolure en col-de-cygne, est très recourbée. Elle peut être naturelle mais aussi correspondre à une faute de dressage, trop contraignante pour le cheval.

S

Stud-book : répertoire dans lequel sont inscrits tous les reproducteurs et poulains de la race, ainsi que le nom des éleveurs. Il définit également les critères à respecter pour être reconnu dans cette race et pouvoir se reproduire.

T

Transhumance : déplacements saisonniers des animaux domestiques élevés en région montagneuse. En fonction du climat, les troupeaux changent de milieu, montant de la plaine vers la montagne au printemps et redescendant à l'automne. Les déplacements se font parfois en camion ou à pied, comme autrefois.

Disciplines & utilisations méconnues

Débardage

Utilisé en milieu forestier, il s'agit de sortir les arbres coupés de la forêt pour les transporter jusqu'aux camions. Le débardage peut être effectué par des machines, mais il se fait de plus en plus grâce à des chevaux de trait, qui abîment moins le terrain.

Doma vaquera

En espagnol, *doma* veut dire « dressage ». La *doma vaquera* est pratiquée depuis très longtemps par les *vaqueros* andalous, l'équivalent des cow-boys américains. C'est également une discipline de compétition, qui met en valeur le dressage des chevaux, souvent des ibériques.

Equifeel

Petites épreuves à pied de différents niveaux, destinées à montrer la complicité du cavalier et de son cheval ou poney.

Équitation de travail

Discipline pratiquée dans de nombreux pays et basée sur la conduite et le tri du bétail.

Équithérapie

Utilisation du cheval comme partenaire dans les soins apportés aux personnes handicapées ou souffrant de divers problèmes. Grâce à son tempérament et à ses réactions, le cheval peut aider ces personnes, sous la responsabilité d'un professionnel.

Haute école

Travail de dressage de très haut niveau. Les chevaux sont capables de réaliser des figures dites « de haute école », comme le piaffer, le passage, la courbette, la croupade...

Hunter

Discipline fondée sur la réalisation parfaite d'un parcours d'obstacles, et non sur sa rapidité. L'allure du cavalier et du cheval doit être élégante et leur style harmonieux.

Show

Concours de modèle et allures, souvent réservé aux pur-sang arabes. Véritable concours de beauté, il consiste à présenter le cheval sous son meilleur jour !

Ski-joëring

Discipline mêlant ski et attelage, consistant à faire tracter un skieur par un cheval. Pratiqué en loisir, le ski-joëring est aussi une discipline de compétition.

Trec

Discipline dont le sigle signifie « Techniques de Randonnée Équestre de Compétition » et qui se pratique en extérieur. Elle regroupe 4 épreuves. Le Parcours d'orientation et de régularité (POR) consiste à réaliser un parcours tracé selon une carte, à des allures imposées. Le Parcours en terrain varié (PTV) est composé d'une quinzaine de difficultés, pouvant être rencontrées en randonnée et franchies dans le calme. La Présentation du couple vise à contrôler la tenue et le harnachement du couple. La Maîtrise des allures évalue la technique équestre du cavalier et le dressage du cheval

INDEX

i

K

L

M

N

O

P

Q

R

S

T

W

CRÉDIT PHOTOS

COUVERTURE

1re de couverture (de haut en bas et de gauche à droite) :
© Viktoria Makarova – Fotolia.com, © Viktoria Makarova – Fotolia.com, © Wendy Hotalling – Fotolia.com, © saras66 – Fotolia.com, © Caval'images – Fotolia.com, © regataFly – Fotolia.com, © Viktoria Makarova – Fotolia.com, © jeanma85 – Fotolia.com.
4e de couverture :
© Sven Cramer – Fotolia.com.

INTRODUCTION

P. 1 : © seniya Abramova – Fotolia.com ; **P. 3 :** © Sven Cramer – Fotolia.com ; **P. 7 :** © Eric Isselée – Fotolia.com, © Anita Huszti – Shutterstock ; **P. 8 :** (de haut en bas et de gauche à droite) : © Kseniya Abramova – Fotolia.com, © Kseniya Abramova – Fotolia.com, © Kseniya Abramova – Fotolia.com, © Maytii – Fotolia.com, © Zuzule – Fotolia.com, © JAG IMAGES – Fotolia.com, © Olga Itana – Fotolia.com ; **P. 9 :** © Caroline Vergnes – Fotolia.com, © Anakondasp – Fotolia.com, © Nadine Haase – Fotolia.com, © Valpictures – Fotolia.com, © Zuzule – Fotolia.com, © Zuzule – Fotolia.com, © Zuzule – Fotolia.com, © Zuzule – Fotolia.com, © JAG IMAGES – Fotolia.com.

LES CHEVAUX DE SELLE

P. 10 : © Farah–Diba – Fotolia.com ; **P. 11 :** © StockPhotosLV – Shutterstock ; **P. 12 :** © Olga_i – Shutterstock ; **P. 13 :** © Mikhail Pogosov – Shutterstock ; **P. 14 :** © Daniela Jakob – Fotolia.com ; **P. 15 :** © Kondrashov MIkhail Evgenevich – Shutterstock ; **P. 16 :** © Vera Zinkova – Shutterstock ; **P. 17 :** © Maria Bonanni – Fotolia.com ; **P. 18 :** © margitsusanne – Fotolia.com ; **P. 19 :** © Firehorse – iStock ; **P. 20 :** © massimhokuto – Fotolia.com ; **P. 21 :** © Jeanne Provost – Shutterstock ; **P. 22 :** © Laurent Levoyer ; **P. 23 :** © Laurent Levoyer ; **P. 24 :** © Jiri Foltyn – Shutterstock ; **P. 25 :** © Rémy Masseglia – Fotolia.com ; **P. 26 :** © Florence Odin ; **P. 27 :** © Nicolas Perrain – École d'attelage de l'Aubrac ; **P. 28 :** © Julia Remezova – Shutterstock ; **P. 29 :** © Anakondasp – iStock ; **P. 30 :** © Mariait – Shutterstock ; **P. 31 :** © Pirita – Shutterstock ; **P. 32 :** © Alonbou – Fotolia.com ; **P. 33 :** © Alain Laurioux – Médiathèque des haras nationaux ; **P. 34 :** © Kondrashov MIkhail Evgenevich – Shutterstock ; **P. 35 :** © Pirita – Shutterstock ; **P. 36 :** © Katarina Hoglova – Shutterstock ; **P. 37 :** © Jeancliclac – Fotolia.com ; **P. 38 :** © Nadine Haase – Fotolia.com ; **P. 39 :** © Gorillaimages – Shutterstock ; **P. 40 :** © Zuzule – Shutterstock ; **P. 41 :** © Catwalker – Shutterstock ; **P. 42 :** © DJD – Fotolia.com ; **P. 43 :** © Dr Ajay Kumar Singh – Shutterstock ; **P. 44 :** © Julia Remezova – Shutterstock ; **P. 45 :** © Bernard Girardin – Fotolia.com ; **P. 46 :** © Callalloo Candcy – Fotolia.com ; **P. 47 :** © jeanma85 – Fotolia.com ; **PP. 48-49 :** © Zuzule – Shutterstock ; **P. 50 :** © Sandra Lambert – Fotolia.com ; **P. 51 :** © Makarova Viktoria – Shutterstock ; **P. 52 :** © Anakondasp – Fotolia.com ; **P. 53 :** © Neil Roy Johnson – Shutterstock ; **P. 54 :** © Dozornaya – Fotolia.com ; **P. 55 :** © Robangel69 – Fotolia.com ; **P. 56 :** © Critterbiz – Shutterstock ; **P. 57 :** © onepony – Fotolia.com ; **P. 58 :** © IFCE, Bruno Jehanne – Médiathèque des haras nationaux ; **P. 59 :** © Elya Vatel – Shutterstock ; **P. 60 :** © Petr Mašek – Fotolia.com ; **P. 61 :** © Christophe Fouquin – Fotolia.com ; **P. 62 :** © Anakondasp – Fotolia.com ; **P. 63 :** © Azaliya (Elya Vatel) – Fotolia.com ; **P. 64 :** © IFCE, Bruno Jehanne – Médiathèque des haras nationaux ; **P. 65 :** © Seabird75 – Fotolia.com.

LES CHEVAUX DE TRAIT

P. 66 : © Mariait – Shutterstock ; **P. 67 :** © Martina Berg – Fotolia.com ; **P. 68 :** © Zuzule – Fotolia.com ; **P. 69 :** © Durluby – Fotolia.com ; **P. 70 :** ©

Martina Berg – Fotolia.com ; **P. 71 :** © Martina Berg – Fotolia.com ; **P. 72 :** © Alonbou – Fotolia.com ; **P. 73 :** © Alexis Pierret – Fotolia.com ; **P. 74 :** © Gannet77 – iStock ; **P. 75 :** © Gannet77– iStock ; **P. 76 :** IFCE, B. Jehanne – Médiathèque des haras nationaux © ; **P. 77 :** © jeanma85 – Fotolia.com ; **P. 78 :** © guitou60 – Fotolia.com ; **P. 79 :** © Martina Berg – Fotolia.com ; **P. 80 :** © Claudia Steininger – Shutterstock ; **P. 81 :** © Germalix – Fotolia.com ; **P. 82 :** © Alexia Khruscheva – Shutterstock ; **P. 83 :** © Tamara Didenko – Shutterstock ; **P. 84 :** © Lenkadan – Shutterstock ; **P. 85 :** © Julia Remezova – Shutterstock ; **P. 86 :** © OSCAR – Fotolia.com ; **P. 87 :** © Martina Berg – Fotolia.com ; **P. 88 :** © Vera Zinkova – Shutterstock ; **P. 89 :** © Martina Berg – Fotolia.com ; **P. 90 :** © Rita Kochmarjova – Shutterstock ; **P. 91 :** © ellenamani – Fotolia.com ; **P. 92 :** © E. Spek – Shutterstock ; **P. 93 :** © Guy Mouque ; **P. 94 :** © Olivier Tuffé – Fotolia.com ; **P. 95 :** © Papinou – Fotolia.com ; **P. 96 :** © IFCE, D. Dorchies – Médiathèque des haras nationaux ; **P. 97 :** © Martina Berg – Fotolia.com.

Les Poneys

P. 98 : © Alexia_Khrushcheva – iStock ; **P. 99 :** © Alexia Khruscheva – Fotolia.com ; **P. 100 :** © rapha064 – Fotolia.com ; **P. 101 :** © rapha064 – Fotolia.com ; **P. 102 :** © Nicole Ciscato – Shutterstock ; **P. 103 :** © paul h – Fotolia.com ; **P. 104 :** © mharvey – iStock ; **P. 105 :** © cynoclub – Fotolia.com ; **P. 106 :** © Cornelia Pretzsch – Fotolia.com ; **P. 107 :** © Gertan – Shutterstock ; **P. 108 :** © Lenkadan – Shutterstock ; **P. 109 :** © jeanma85 – Fotolia.com ; **P. 110 :** © Zuzule – Fotolia.com ; **P. 111 :** © nadifri – Fotolia.com ; **P. 112 :** © IFCE, S. Rizo – Médiathèque des haras nationaux ; **P. 113 :** © chelle129 – Fotolia.com ; **P. 114 :** © CallallooAlexis – Fotolia.com ; **P. 115 :** © mathildeb52 – Fotolia.com ; **P. 116 :** © IFCE, Y. Rivalain – Médiathèque des haras nationaux ; **P. 117 :** © Clarence Alford – Fotolia.com ; **P. 118 :** © Dageldog – iStock ; **P. 119 :** © Anastasija Popova – Shutterstock ; **P. 120 :** © Jean-Paul Idiart – Élevage Unhaia ; **P. 121 :** © Jean-Paul Idiart – Élevage Unhaia ; **P. 122 :** © Vera Zinkova – Shutterstock ; **P. 123 :** © Pirita – Shutterstock ; **P. 124 :** © Zuzule – Fotolia.com ; **P. 125 :** © Kseniya Abramova – Fotolia.com ; **P. 126 :** © Zuzule – Fotolia.com ; **P. 127 :** © Alexia Khruscheva – Fotolia.com, © nigelb10 – iStock.

Les races exotiques

P. 128 : © JeremyRichards – Fotolia.com ; **P. 129 :** © Sunsinger – Fotolia.com ; **P. 130 :** © AL-Travelpicture – iStock ; **P. 131 :** © Kobby Dagan – Shutterstock ; **P. 132 :** © Dageldog – iStock ; **P. 133 :** © Nigel Paul Monckton – Shutterstock ; **P. 134 :** © Luis Portugal – iStock ; **P. 135 :** © Margo Harrison – Fotolia.com ; **P. 136 :** © Zuzule – Fotolia.com ; **P. 137 :** © Gertan – Shutterstock ; **P. 138 :** © Zuzule – Shutterstock ; **P. 139 :** © Zuzule – Shutterstock ; **P. 140 :** © Julia Remezova – Fotolia.com ; **P. 141 :** © Edoma – iStock ; **P. 142 :** © Viktoria Makarova – Fotolia.com ; **P. 143 :** © Marialba.italia – iStock ; **P. 144 :** © JeremyRichards – iStock ; **P. 145 :** © TerryJ – iStock ; **P. 146 :** © Teri and Jackie Soares – Shutterstock ; **P. 147 :** © Clarence Alford – Fotolia.com ; **P. 148 :** © Randy Harris – Fotolia.com ; **P. 149 :** © St.MarieLtd. – iStock ; **P. 150 :** © THEPALMER – iStock ; **P. 151 :** © Horsemen – iStock ; **P. 152 :** © Zuzule – Shutterstock ; **P. 153 :** © Makarova Viktoria – Shutterstock ; **P. 154 :** © s-eyerkaufer – iStock ; **P. 155 :** © Catnap72 – iStock ; **P. 156 :** © karenparker2000 – iStock ; **P. 157 :** © Antje Lindert-Rottke – Fotolia.com,

Les autres

P. 158 : © DragoNika – Fotolia.com ; **P. 159 :** © Petra Eckerl – Fotolia.com ; **P. 160 :** © DragoNika – Fotolia.com ; **P. 161 :** © Falk – Fotolia.com ; **P. 162 :** © jkraft5 – Fotolia.com ; **P. 163 :** © ala737 – Shutterstock ; **P. 164 :** © loflo – Fotolia.com ; **P. 165 :** © Anita Huszti – Shutterstock ; **P. 166 :** © Rita Kochmarjova – Fotolia.com ; **P. 167 :** © Petra Eckerl – Fotolia.com,

P. 170-171 : © Zuzule – Fotolia.com.

Auteurs : Charlotte Clergeau et Laure Marandet
Réalisation de l'intérieur : Édiclic
Recherche iconographique : Clictee pour Édiclic
Maquette intérieure et mise en pages : Clictee pour Édiclic

PAPIER À BASE DE FIBRES CERTIFIÉES

hachette s'engage pour l'environnement en réduisant l'empreinte carbone de ses livres. Celle de cet exemplaire est de : 1,5 kg éq. CO_2
Rendez-vous sur www.hachette-durable.fr